图书在版编目(CIP)数据

教育展望.181,读写教育与可持续发展目标：从议程到行动/联合国教科文组织国际教育局编；华东师范大学译. —上海：华东师范大学出版社,2021
(课程、学习与评价的比较研究)
ISBN 978 - 7 - 5760 - 1787 - 8

Ⅰ.①教… Ⅱ.①联…②华… Ⅲ.①教育—世界—丛刊
Ⅳ.①G51 - 55

中国版本图书馆 CIP 数据核字(2021)第 136265 号

教育展望 总第 181 期(第 47 卷 第 3 期)

读写教育与可持续发展目标：从议程到行动
(课程、学习与评价的比较研究)

编 者	联合国教科文组织国际教育局
译 者	华东师范大学
责任编辑	王 焰(策划组稿)
	王国红(项目统筹)
特约审读	徐曙蕾
责任校对	郑海兰
装帧设计	卢晓红

出版发行 华东师范大学出版社
社　　址 上海市中山北路 3663 号　邮编 200062
网　　址 www.ecnupress.com.cn
电　　话 021 - 60821666　行政传真 021 - 62572105
客服电话 021 - 62865537　门市(邮购)电话 021 - 62869887
地　　址 上海市中山北路 3663 号华东师范大学校内先锋路口
网　　店 http://hdsdcbs.tmall.com

印 刷 者　浙江临安曙光印务有限公司
开　　本　787 × 1092　16 开
印　　张　10
字　　数　202 千字
版　　次　2021 年 10 月第 1 版
印　　次　2021 年 10 月第 1 次
书　　号　ISBN 978 - 7 - 5760 - 1787 - 8
定　　价　32.00 元

出 版 人　王 焰

版权通报

总第 181 期

教 育 展 望

课程、学习与评价的比较研究

第 47 卷，2017 年 9 月　第 3 期

目　录

一切信件请寄:

Editor, *Prospects*,

UNESCO International Bureau of Education,

P. O. Box 199,

1211 Geneva 20,

Switzerland.

E-mail: ibe. prospects@unesco. org

欲了解国际教育局的计划、活动及出版物,请查询其互联网主页:

http://www. ibe. unesco. org

一切订阅刊物的来信请寄:

Springer,

P. O. Box 990,3300 AZ Dordrecht,

The Netherlands

中文版项目编辑:

王国红

合作出版者:联合国教科文组织(UNESCO)国际教育局(IBE)

P. O. Box 199,1211 Geneva 20,

Switzerland

and Springer,

P. O. Box 17,3300 AA Dordrecht,

The Netherlands

ISSN: 0033 - 1538

《教育展望》通讯员

Michael Apple, University of
Wisconsin-Madison, USA

Beatrice Avalos, University of Chile

Aaron Benavot, UNESCO Global
Education Monitoring, France

Mark Bray, University of Hong Kong,
China

Nicholas Burnett, Results for
Development Institute, USA

Luis A. Crouch, RTI International,
USA

Charles Fadel, Center for Curriculum
Redesign, USA

Partrick Griffin, University of
Melbourne, Australia

Gita Steiner-Khamsi, Columbia
University, USA

Tamás Kozma, Debrecen University, Hungary

Keith Lewin, University of Sussex, UK

Tom Luschei, Claremont Graduate University, USA

Pedro Noguera, New York University, USA

Wing On Lee, Open University of Hong Kong, China

Sungsup Ra, Asian Development Bank, The Philippines

Mamphela Ramphele, South Africa

Fernando Reimers, Harvard University, USA

Ernesto Schiefelbein, Metropolitan University of Educational Sciences, Chile

Andreas Schleicher, Organisation for Economic Co-operation and Developement (OECD), France

Awraham Soetendorp, Jacob Soetendorp Institute for Human Values, The Netherlands

Leon Tikly, University of Bristol, UK

Andy Hargreaves, Boston College,
USA

Yong Zhao, University of Oregon,
USA

Thierry Zomahoun, African Institute
for Mathematical Sciences(AIMS),
South Africa

Michele Schweisfurth, University of
Glasgow, UK

Crain Soudien, University of Cape
Town, South Africa

Alejandro Tiana Ferrer, Universidad
Nacional de Educación a Distancia
(UNED), Spain

素养：实现可持续发展目标的基础

P・T・M・玛诺佩*

在线出版时间：2018 年 3 月 17 日
©联合国教科文组织国际教育局 2018 年

我很高兴地向大家介绍本期的《教育展望》，它既宏大又发人深省，它重点关注素养在实现可持续发展目标 4(Sustainable Development Goal，SDG)——即"确保全民享有包容和优质的教育，促进终身学习"中的关键作用。比如：到 2030 年，确保所有青年和相当大比例的成年人，无论男女，都能获得读写能力和算术能力。应该说，所有可持续发展目标及它们的指标都很重要，但是实现基础教育的目标，将为实现可持续发展目标 4 的所有其他指标奠定基础。

在认识到实现素养目标的重要性的同时，我们欢迎关注读写能力和算术能力，尤其是重视课程、学习和评估的学者和实践者，就如何克服众多障碍以实现可持续发展目标的素养指标的方法分享见解。更重要的是，我们继续促进思想的自由交流，并提供一个适当的平台，用于展示、讨论和传播与推进教育 2030 议程有关的新概念、当前趋势、理论发展和研究成果。

本期是继《教育展望 179：阅读学习》之后，第二期关于素养问题的特邀编辑版。本期特刊的特邀编辑约翰・P・康明斯(John P. Comings)是《世界教育》的高级技术顾问(在该组织担任过 12 年的副总裁)，也是马萨诸塞大学阿默斯特分校的教员。他还曾在奥巴马政府担任教育政策顾问，专注于美国国际开发署(USAID)的低年级阅读计划。他利用自己作为学者和实践者的丰富经验，改变了将阅读视为一种社会实践的观点(参见《教育展望 179》中由布莱恩・斯特里特(Brian Street)特邀编辑的关于阅读学习的文章)，转而将其视为制定和评估实现可持续发展目标 4 的进展而确定具体行动。他认为，有了评估工具和衡量基准，国际社会就可以把重点放在培养小学儿童、青年和成年人技能的课程和学习上。

路易斯・克劳奇(Luis Crouch)和凯瑟琳・A・莫赛瑟(Katherine A. Merseth)

* 原文语言：英语

P・T・M・玛诺佩(博茨瓦纳)

通信地址：UNESCO International Bureau of Education, P. O. Box 199,1211 Geneva 20, Switzerland
电子信箱：ibe. prospects@unesco. org

强调了入学指标模式影响低收入国家教育系统的效率和有效性,这些国家在过去的一二十年里迅速扩大了入学机会,但尚未有效地吸收这种扩张。虽然这些指标的模式在最初几年的学校教育中是可以观察到的,但它们可能是小学结束时学习成绩差的原因。有数据显示,早期小学入学人数激增,学前教育参与率低和早期认知技能表现不佳之间存在很强的实证关系。

海伦·N·博伊尔(Helen N. Boyle)和威尔·萨拉(Wail Salah)考察了二年级阿拉伯语教科书是否支持埃及低年级阅读改革的目标。鉴于低年级阅读评估(Early Grade Reading Assessment,EGRA)和国际阅读素养进展研究(Progress in International Reading Literacy Study,PIRLS)的成绩令人失望,阿拉伯语国家已经开始重新审视,在某些情况下,改革他们低年级阅读教学的方式。埃及是在 2010 年最早开展低年级阅读改革的国家之一。作者认为,适度的教材改革可能是改善埃及与该地区阅读教学和学习的最简单、最快捷的方式,部分原因在于教科书普遍可用,教师在课程结构上严重依赖它们。

保罗·尤尔姆(Paul Jurma)介绍了 2012—2017 年在太平洋岛国汤加的中小学开展的为期五年的英语读写项目的个案研究,该项目旨在培养汤加教育工作者的能力来创造、使用和维持“以儿童为中心”(或“以学生为中心”)的教学和评估实践;使用书籍、图书馆和技术来支持读写能力的发展;加强家庭和社区对儿童学习和读写能力发展的支持;增加幼儿、校内外青年和成年人获得读写能力发展的机会。文章的最后提出了政策制定者、从业者和家长可能采取的行动建议,以便在其国家建立更有效的读写能力发展体系。

约翰·P·康明斯、约翰·斯特拉克(John Strucker)和布伦达·贝尔(Brenda Bell)描述了两种评估工具,它们被用来评估参加替代基本技能和谋生技能培训项目的青年的阅读技能。快速阅读技能评估(Rapid Assessment of Reading Skills,RARS)的开发是为了识别那些在开始培训前需要提高他们阅读能力的潜在参与者,并将他们分配到适当的基本阅读教学水平。校外读写能力评估(Out-of-School Literacy Assessment)将快速阅读技能评估纳入一种更复杂的影响评估工具中。作者认为,这两种评估工具也可用于为程序设计、定义基准和评估影响提供信息。

托马斯·M·克里(Thomas M. Crea)及其同事在参与洪都拉斯因蒂布卡省的大规模学校供餐计划后,考察了儿童识字率与父母和教师对社区暴力和凝聚力的看法之间的联系程度。学校供餐似乎与父母之间加强的社会联系有关,这反过来又与儿童的识字率提高有关。随着时间的推移,这些社会联系对儿童的幸福感和识字能力的影响程度超过了学校供餐的影响,是未来研究的一个重要领域。

瓦恰斯帕蒂·舒克拉(Vachaspati Shukla)和乌达雅·S·米什拉(Udaya S. Mishra)从年龄群的视角对印度识字的进展进行了评估。他们认为,年龄群分析为识字进展动态提供了有力的理解,并得出结论,尽管普及基础教育已经完成,但由于存在辍学的文盲人口,实现全面识字的目标非常困难。因此,作者建议在普及基础教育的同时提供有效的成人识字方案,以实现全面识字的目标。

本期特刊还包括布拉罕教育基金会的联合创始人兼首席执行官马达夫·查万(Madhav Chavan)的生平,该组织每年在印度服务 300 万小学适龄儿童。马达夫·查万是 2012 年世界教育创新峰会(WISE)教育奖的获得者。在他的领导下,布拉罕教育基金会引入了几项大规模的创新,例如评估领域的教育年度报告(Annual Status of Education Report)和向贫困人群提供教育的读懂印度(Read India)运动。作为教育领域的社会企业家组织,布拉罕教育基金会因其创新性和领导力而获得了克拉维斯奖(Kravis Prize)和斯科尔奖(Skoll Award)的认可。

（严伟剑　译）

识字的下一步

约翰·P·康明斯[*]

在线出版时间：2018 年 3 月 12 日
©联合国教科文组织国际教育局 2018 年

摘　要　1990 年，国际社会致力于支持普及基础教育。从那时起，学校得以建立，教师得以聘用和培训。20 年后，更多的学生上了小学，但学习评估显示，大多数学生没有学会如何阅读，以便利用阅读来学习。国际社会将注意力转向了教学上的改善。随着教学的改善，越来越多的学生可以解码单词并以更快的速度和准确度来进行阅读。然而，阅读理解能力仍然很低。现在，是时候让国际社会联合起来，做出承诺，让所有学生都以充分的理解来学习阅读，利用阅读来学习。

关键词　识字　阅读理解　学习阅读

现有的证据(McDougall, Brown and Fleagle 2005)表明，最初的人类大约于 20 万年前行走在非洲南部。那时，我们的祖先一天可以走约 50 公里。到 6 000 年前，我们的祖先已经学会了骑马，一天可以骑行 100 公里左右，这正是发明识字的时候。在接下来的 6 000 年里，人类从骑马到以每天 13 万公里的速度登上月球。如果没有识字能力，这种惊人的速度增长是不可能发生的。识字可能是人类历史上最重要的发明，但即使在 6 000 年后的现在，至少有 7.5 亿(ONESCO 2015)，甚至可能超过 10 亿的儿童、青年和成人无法阅读。

1990 年，来自 155 个国家的捐助机构、政府和非政府组织在泰国召开了世界全

　*　原文语言：英语

约翰·P·康明斯(美国)

　　波士顿国际非政府组织世界教育(World Education)高级技术顾问，马萨诸塞大学阿默斯特分校国际教育中心兼职教员。2012 年 4 月到 2013 年 10 月，在奥巴马政府担任教育政策顾问，主要负责美国国际开发署(USAID)的低年级阅读计划。在 2008 年至 2012 年期间，他是教育发展中心(Education Development Center)首席国际技术顾问。从 1996 年到 2008 年，担任国家成人学习和扫盲研究中心(National Center for the Study of Adult Learning and Literacy)主任，也是哈佛大学教育研究生院教员。在来哈佛之前，曾任《世界教育》副总裁 12 年。

　　通信地址：Center for International Education, College of Education, University of Massachusetts, Amherst, MA 01003, USA

　　电子信箱：john. comings@gmail. com

民教育大会(World Conference on Education for All，WCEFA)，致力于解决这个问题。世界全民教育大会发表的宣言承诺为所有儿童提供接受初等教育的机会，并保证每个儿童、青年和成人都有机会获得识字技能(UNESCO 1990)。自世界全民教育大会召开以来，小学入学率增加了，对女孩、残疾人和少数民族儿童的排斥减少了(UNESCO 2015)。

然而，在过去十年里，许多国家的国民低年级阅读评估(EGRA)发现，大部分学生在小学的前三年根本没有学会阅读，或者没有获得足够强大的技能，无法将阅读作为学习的工具(Gove and Wetterberg 2011)。每个国家的低年级阅读评估都只评估了口语阅读的流畅性(一分钟内正确读取年级水平文本的正确单词数量)，以及其他阅读子技能，如字母发音、解码和理解。低年级阅读评估的调查结果把投资引向了小学阅读教学的改善上。

既然世界正在努力解决机会、公平和低年级阅读成就的问题，国际社会就应该开始下一个步骤——改善小学教育。下一步由两个部分组成：(1)提高已经学习过基础阅读子技能的小学生的阅读理解能力；(2)将识字的益处扩大到那些阅读不够好，无法将识字作为谋生手段，无法帮助孩子在学校取得成功，无法参与他们国家的公民生活的青年和成人身上。这两个目标是相互关联的，因为提高理解能力的一个方面就是增加儿童的阅读量，而家庭支持有助于增加阅读量(Snow，Burns and Griffin 1998)。

理　　解

正如低年级阅读评估在小学低年级作为学习阅读子技能的评估工具一样，经济合作与发展组织(OECD)的国际阅读素养进展研究(PIRLS)测量的是四年级学生的阅读理解能力。理解是"……通过与书面语言的互动和参与，同时提取和构建意义的过程。理解包含三个要素：(1)正在进行理解的读者；(2)将被理解的文本；(3)将理解当作其一部分的活动"。这三个要素"……定义了一种在更大社会文化背景下发生的现象，这种现象作用于读者，又是由读者塑造的，并与这三个要素的每一个都相互作用"(Snow 2002，pp. 11 - 12)。

理解能力是通过要求读者阅读文本并以回答问题完成活动来评估的。理解测试改变了文本的难度和产生持续技能测量的活动的难度(White 2011)。文本的难度取决于词汇、语法和文本结构。任务的难度是基于几十年的阅读评估所带来的困难理论(White 2011)。例如，具有低难度的任务可能是在文本中检索特定的、明确陈述的事实或事件，而在更高的难度下，任务可能是从文本中得出推论或清晰地概括文本中的事实或事件(Mullis，Martin，Foy and Drucker 2012)。

举个例子，如果理解测试要求学生阅读大学教科书中关于相对论的章节，他们会发现阅读该文本很困难。但是，如果问题是"E 等于什么"，大多数学生可以很容易地找到方程式 $E=MC^2$。另一方面，如果学生被要求阅读同一主题下流行杂志中的文章，他们就不会觉得文本很难。然而，如果测试问的问题是"为什么 $E=MC^2$"，他们会发现这个问题很难。虽然这是一个极端的例子，但它说明了无论多么强大的印刷技术可能都无法转化为强有力的文本补充。

简单理解观[①]（Hogan，Bridges，Justice and Cain 2011）指出，理解是阅读的流利性和口语词汇量的结合。因此，当孩子们能够流利地阅读文本并且拥有丰富的口语词汇时，他们在理解测试中就应该获得高分。印度尼西亚和摩洛哥参加了 2011 年的国际阅读素养进展研究，并在同年实施了低年级阅读评估，这些评估数据提供了一种可以查看简单观察是如何转化为理解的方法。到 2011 年，这两个国家几乎普及了小学教育，他们学生的阅读能力足以证明他们对国际阅读素养进展研究的理解。

国际阅读素养进展研究建立了四个国际基准：初级、中级、高级和进阶，阈值分数分别为初级 400 分、中级 475 分、高级 550 分和进阶 625 分。表 1 列出了 2011 年参加国际阅读素养进展研究的所有 44 个国家得分达到或高于每个级别中位值的学生百分比，以及印度尼西亚和摩洛哥得分达到各等级或以上的学生百分比。表 1 显示，34％的印度尼西亚四年级学生和 79％的摩洛哥四年级学生得分低于初级基准。这两个国家要想在实现中等水平的技能分配方面取得进展，他们必须提高四年级学生的理解能力。

表 1　达到每个阅读成绩的国际基准的百分比

国家	进阶(625)(％)	高级(550)(％)	中级(475)(％)	初级(400)(％)
中位值	8	44	80	95
印度尼西亚	0	4	28	66
摩洛哥	0	1	7	21

表 2 显示了印度尼西亚和摩洛哥低年级阅读评估的平均口语流利率、平均理解率和零分（一个词也看不懂）的百分比。印度尼西亚的平均流利率及其在理解子测验中的平均分数约为摩洛哥的两倍。印度尼西亚的零分率也是摩洛哥的一半左右。

---

①　简单理解观也称阅读成分模型，由高夫（Gough）和唐默尔（Tunmer）等人于 1986 年提出，旨在解决有关阅读理解能力培养不同观点之间的纷争。有研究者主张自下而上的理解能力（即词语解码），而另外一些研究者主张自上而下的理解能力（即语言理解）。简单理解观认为，尽管阅读是一个复杂的行为，但这个行为可以分为两个独立的过程：词语识记（词语解码）和语言理解。熟练的阅读实际上是这两个过程的结合。——译者注

表 2　三年级学生的低年级阅读评估结果

国家	平均流利率 （每分钟单词数）	平均理解 * （正确率百分比）	零分（百分比）
印度尼西亚	52.1	62.8	5.8
摩洛哥	27.0	29.8	17.0

* 印度尼西亚低年级阅读评估中理解部分有 5 个问题，摩洛哥有 6 个。每个百分比都是按照有 5 个问题来计算的。

相比之下，美国的得分明显高于进阶和高级基准的平均值，也高于中级基准和初级基准的平均值，而美国三年级学生的平均流利率为每分钟 114 个词（Hasbrouck and Tindal 1992），这是印度尼西亚的两倍，是摩洛哥的四倍。

这些数据支持像印度尼西亚和摩洛哥这样有低年级阅读评估成果的国家的需求，继续帮助他们的学生提高口语阅读流利性，但数据还表明，这两个国家的很多学生可以从有关理解的直接教学中受益。印度尼西亚和摩洛哥正处于许多其他国家在未来 5 到 10 年才能达到的成就点上。这些国家有相当数量的学生掌握了基本的文字解码技能，并具有很强的口语阅读流利性。

这两个国家如何应对这种局面？

随着两国继续为那些在低年级阅读评估中得分较低的学生改善教学，他们应该开始帮助能力更强的学生专注于提高他们的理解技能。要做到这一点，他们应该把教学重点放在提高口语阅读流利率、扩大词汇量和直接教授理解技能上。

口语阅读流利性是指快速准确地阅读，但它还包括阅读时准确的重音、语调和韵律，口语中的停顿和强调，这些通常是理解所必需的（NRP 2000；Torgesen，Rashotte and Alexander 2001）。口语阅读流利性的发展至关重要，因为即使是那些阅读准确性很高的学生，如果他们阅读速度太慢或者重音、语调和韵律都很差，也很难理解他们所阅读的内容（Daane，Campbell，Grigg，Goodman and Oranje 2005；Snow，Burns and Griffin 1998）。有效的流利教学涉及口语阅读文本的难度水平，这个难度水平对学生来说是舒适的，或者略高于这个水平。应该鼓励学生多次阅读相同的文章，每次都要尽量接近老师所示范的口语阅读。哈斯布鲁克（Hasbrouck）和廷德尔（Tindal）（2005）发现，二至四年级的普通学生每周应该能够将他们的口语阅读率提高 1 个单词左右，而一年级的进步会更快。

词汇知识是对词汇意义及其在不同语境中的用法的理解。词汇知识与阅读理解之间的密切关系在使用儿童母语或国家教学语言学习阅读的文献中得到了充分证实（NRP，2000；Snow，2002；Snow，Burns and Griffin 1998）。然而，不同类型的词汇教学会导致不同程度的阅读理解。具体而言，专注于定义的词汇教学在支持理解方面不如力求在多种情境中探索词义和用法的词汇教学效果好（Beck，McKeown and Omanson 1987）。

阅读理解发生在读者通过不断地将他们在文本中学到的东西与他们从自身经验和积累的知识所知道的东西进行整合来积极努力地理解他们正在阅读的内容的时候（Graesser，McNamara and Lowerse 2003；Snow 2002）。应该教导学生如何在他们的脑海中建立一个文本模型。换句话说，为了构建他们正在阅读内容的意义，孩子们必须学会关注他们所阅读的内容是否对他们有意义。从这个角度来看，学生学习最重要的事情之一就是如何培养自我监控的习惯（Pressley 1998）。应该通过示范和描述来教授自我监控的主动理解策略，以帮助孩子领会使理解成为可能的主动思考过程。学生可以通过谈论他们如何理解所阅读的内容以及回答或论述关于文本事件、信息、人物、行为和文本主题元素的问题来表现出深刻的理解。

青年和成人

儿童早期阅读很重要，但华顿计量经济预测协会（WEFA）承诺青年和成人也将有机会学习阅读。不幸的是，用于青年和成人识字项目的投资非常少。增加经费的一个障碍是缺乏证据表明成人识字项目会与小学阅读教学产生相同的影响。

研究发现，识字的父母更有可能生出有识字能力的孩子（Snow，Burns and Griffin 1998），而识字母亲的孩子更有可能在婴儿期和幼儿期存活下来（LeVine，Schnell-Anzola，Rowe and Dexter 2012）。然而，这些研究都着眼于成年人，他们的识字能力是在小学获得的。针对在校外获得识字技能的青年和成人的研究，可能有助于为服务这一人群的扫盲项目投资提供理由。

增加投资的另一个障碍是缺乏影响评估数据表明青年和成人扫盲项目可以产生有意义的学习成果。康明斯（Comings 1995）分析了那些参加扫盲班的成人技能获取和保留情况的评估，发现参与者确实学会了阅读并能随着时间的推移而保持他们的技能。事实上，这些成人的技能在拥有阅读材料时就得到了提高。该分析还发现，最低教学量可能至少为 250 小时。这种分析并不是确凿的，但它确实表明，一项精心设计的研究可以提供准确的教学量评估，而培养有意义的识字技能需要后期扫盲班的跟进。

建立需要扩大青年和成人扫盲班可及性的政治意愿的下一步是进行研究，以量化的方式研究需要多少教学，如何提供教学，以及获得的技能有什么影响。这将为投资提供强有力的时机。足够的项目经验已经被记录下来以设计模型程序，这些模型程序可以被严格评估，以构建投资案例。这种投资不应该剥夺改善儿童教育任务的资金。事实上，为父母和未来将成为父母的青年提供学习阅读的机会，会对影响儿童学习能力的健康等因素产生直接的影响。此外，识字的父母在努力教育孩子以高水平的理解来阅读方面将成为学校更有帮助的合作伙伴。

为什么要花这么长时间才迈出识字的第一步？

我们最早的人类祖先可以彼此交谈和理解，创作艺术，跳舞和唱歌，并拥有我们今天拥有的许多其他技能。对于人类而言，这些技能是与生俱来的。但阅读不是，它是必须要学习的。那么为什么我们花了19.4万年才学会它呢？神经科学认为，学习阅读需要连接大脑的两个部分，其中一部分是从口语中获得意义，另一部分是从视觉符号中获得意义，这两个部分原本并不连接（Dehaene 2009）。在我们的大脑中建立这种联系需要时间和精力，因此，人类需要有理由才会这么做。大约在识字被发明的时候，人类才刚刚开始在城市生活，这些人口的集中导致了更复杂的商业活动，而商业活动需要记录保存。这就有了发明并学习识字的理由。

儿童、青年和成人也需要学习阅读的理由。随着教育水平的提高，想要帮助儿童发展强大的阅读理解能力的国家必须提供各种涵盖广泛兴趣的阅读材料。对于青年和成年人来说，扫盲教育应该提供一些技能，这些技能可以帮助他们在工人、父母和公民的角色中取得更大的成功。这些阅读材料应该分几个难度级别编写，以便读者可以找到他们能够阅读的内容。

虽然人类花了很长时间来发明阅读，但世界上能阅读的人口比例几乎每年都在增加。我们现在正在为每个儿童提供有效的识字教育。现在是把我们的视野提升到让所有儿童、青年和成人都拥有阅读技能，使其能有效学习、谋生、养育孩子和参与公民生活的时候了。

本期《教育展望》

本期《教育展望》是关注扫盲系列文章的第二期。本期文章探讨了非教学因素与阅读成绩之间的关系，介绍了改进教学工作的案例研究，描述了测量青年识字技能的工具，提供了查看哪些学生正在学习以及哪些需要更多帮助的新方法的证据，描述了一种计算机素养的创新方法，并介绍了一位努力改善教学的重要人物的毕生事业。

《起步蹒跚：基础教育前5年成绩不佳的效率影响》强调影响一些低收入国家教育系统效率和效力的学校招生指标模式：那些国家在过去一二十年迅速扩大了入学机会，但还没有有效地吸收这种扩张。

《埃及阅读教学改革：小学二年级教材能否反映教改新方向？》以埃及为个案研究，考查了二年级阿拉伯语教科书是否支持改革目标。

《对汤加英语读写能力发展的反思：案例研究，2012—2017》介绍了在太平洋岛国汤加的中小学开展的为期五年的英语读写项目的案例研究。

《青年在替代基本技能和谋生技能培训项目中的两项阅读评估》描述了两种评估工具,这些工具用于评估参加替代基本技能和谋生技能培训项目青年的阅读技能。

《洪都拉斯的教育食品援助:儿童识字的心理社会关联性》考查了儿童识字率与父母和教师对社区暴力和凝聚力的看法的关联程度。

《印度读写教育的成就:人口统计学方式的评估》从年龄群的角度对印度各邦的识字进展进行了评估,并认为年龄群分析提供了对识字进展动态的有力理解。

《不丹和印度儿童运用自我组织式学习系统习得计算机普及技能》比较了印度和不丹上学儿童计算机素养的获得情况。

《神奇岁月:马达夫·查万画像》描述了印度非政府组织布拉罕教育基金会的联合创始人之一的生活和成就,该组织在改善当地、全国乃至国际儿童识字学习方面发挥了关键作用。

(严伟剑 译)

参考文献

Beck, I. L., McKeown, M. G., & Omanson, R. C. (1987). The effects and uses of diverse vocabulary instructional techniques. In M. G. McKeown & M. E. Curtis (Eds.), *The nature of vocabulary acquisition* (pp. 147 - 163). Hillsdale, NJ: Erlbaum.

Comings, J. (1995). Literacy skill retention in adult students in developing countries. *International Journal of Educational Development*, 15(1), 37 - 46.

Daane, M. C., Campbell, J. R., Grigg, W. S., Goodman, M. J., & Oranje, A. (2005). *Fourth-grade students reading aloud: NAEP 2002 special study of oral reading*. NCES 2006 - 469. U. S. Department of Education. Institute of Education Sciences, National Center for Education Statistics. Washington, DC: Government Printing Office.

Dehaene, S. (2009). *Reading in the brain: The science and evolution of a human invention*. New York, NY: Viking.

Gove, A., & Wetterberg, A. (2011). *The early grade reading assessment: Applications and interventions to improve basic literacy*. Research Triangle Park, NC: RTI Press. http://www. rti. org/pubs/bk-0007-1109-wetterberg. pdf.

Graesser, A. C., McNamara, D. S., & Lowerse, M. M. (2003). What do readers need to learn in order to process coherence relations in narrative and expository texts? In A. P. Sweet & C. E. Snow (Eds.), *Rethinking reading comprehension* (pp. 82 - 98). New York, NY: Guilford Press.

Hasbrouck, J., & Tindal, G. (1992). Curriculum-based oral reading fluency norms for students in grades 2 through 5. *Teaching Exceptional Children*, 24(3), 41 - 44.

Hasbrouck, J., & Tindal, G. (2005). Oral reading fluency data. http://www. fehb. org/CSE/

CCSEConference2011/Wright/wright _ Pre _ Conference％20Hasbrouck％20&％20Tindal％20oralreadingfluency％20nor ms. 2005. pdf.

Hogan，T. P.，Bridges，M. S.，Justice，L. M.，& Cain，K.（2011）．Increasing higher level language skills to improve reading comprehension. *Focus on Exceptional Children*，44（3），1 - 19.

LeVine，R.，LeVine，S.，Schnell-Anzola，B.，Rowe，M. L.，& Dexter，E.（2012）．*Literacy and mothering：How women's schooling changes the lives of the world's children*. Oxford：Oxford University Press.

McDougall，I.，Brown，F. H.，& Fleagle，J. G.（2005）．Stratigraphic placement and age of modern humans from Kibish, Ethiopia. *Nature*，433，733 - 736.

Mullis，I.，Martin，M.，Foy，P.，& Drucker，K.（2012）．*PIRLS 2011 international results in reading*. Chestnut Hill，MA：IEA［International Association for the Evaluation of Educational Achievement］. http://timss andpirls. bc. edu/pirls2011/downloads/P11_IR_FullBook. pdf.

NRP［National Reading Panel］（2000）．*Teaching children to read：An evidence-based assessment of the scientific research literature on reading and its implications for reading instruction*. Washington，DC：National Institute of Child Health and Human Development.

Pressley，M.（1998）．*Reading instruction that works*. New York，NY：Guilford.

Snow，C.（2002）．*Reading for understanding：Toward a research and development program in reading comprehension*. Santa Monica，CA：RAND. http://www. rand. org/pubs/monograph_reports/MR1465. html.

Snow，C. E.，Burns，M. S.，& Griffin，P.（1998）．*Preventing reading difficulties in young children*. Washington，DC：National Academy Press.

Torgesen，J. K.，Rashotte，C. A.，& Alexander，A. W.（2001）．Principles of fluency instruction in reading：Relationships with established empirical outcomes. In M. Wolf（Ed.），*Dyslexia，fluency and the brain*. Timonium，MD：York Press.

UNESCO（1990）．*Final report world conference on Education for All：Meeting basic learning needs*. Paris：UNESCO. http://unesdoc. unesco. org/images/0009/000975/097551e. pdf.

UNESCO（2015）．*Education for All 2000 - 2015：Achievements and challenges*. Education for All Global Monitoring Report. Paris：UNESCO. http://unesdoc. unesco. org/images/0023/002322/232205e. pdf.

White，S.（2011）．*Understanding adult functional literacy：Connecting text features，task demands，and respondent skills*. New York，NY：Routledge.

起步蹒跚：基础教育前 5 年成绩不佳的效率影响

路易斯·克劳奇　凯瑟琳·A·莫赛瑟*

在线出版时间：2017 年 5 月 11 日

ⓒ联合国教科文组织国际教育局 2017 年

摘　要　本文重点介绍了影响若干低收入国家教育系统效率和效果的入学率指标模式，有关国家过去一二十年中迅速提高了入学率，但尚未有效消化。尽管这些指标的模式仅存在于低年级，但可能构成小学毕业时学业效果不佳的原因。数据显示，在基础教育低年级中的入学人数"膨胀"、学前教育参与率较低、低年级认知技能表现低下之间存在很强的经验关系。这并不是将这种模式归于因果联系，但同时认为这些指标是相互反映的，它们构成了一个问题的"结"，削弱受影响教育系统的基础。本文展现了一些成本上的影响，证明许多国家已经在无意识地为学前教育问题付出代价。

＊　原文语言：英语

路易斯·克劳奇(Luis Crouch，美国)

RTI 国际研究院(RTI International)首席技术官，专攻领域为教育政策，去中心化金融(如资金模式)，改革政治经济，教育统计、规划和预测。他在教育数据分析的所有关键领域拥有丰富经验，从通过调查和公民投入获得原始数据到统计和计量经济分析，再到基于充分依据的内阁级政策对话。他曾供职于世界银行和"全球教育伙伴关系"组织，并密切参与了南非教育部门资金改革、埃及去中心化试验，以及秘鲁和印度尼西亚的去中心化和其他政策改革工作。他最近的工作重点是作为提高教育质量关键入口的早期读物和幼儿发育。在 30 年以发展成长为专业的职业生涯中，他曾在超过 25 个国家工作，并且撰写了大量报告、技术论文和专著。

通信地址：UNESCO International Bureau of Education, P. O. Box 199,1211 Geneva 20, Switzerland
电子信箱：crouch@rti. org

凯瑟琳·A·莫赛瑟(Katherine A. Merseth，美国)

RTI 国际研究院国际教育部的幼儿发育(ECD)实践领域负责人。在此背景下，她领导着 RTI 在国际幼儿教育领域的内部投资，并与 ECD 的合作伙伴建立战略网络。她是基础教育联盟的幼儿发育工作组以及比较和国际教育协会(CIES)幼儿发育特别兴趣小组联合主席。她曾担任美国拯救儿童组织(Save the Children US)的儿童发育高级专家，为拉丁美洲和莫桑比克的社区幼儿园提供支持。在进入美国拯救儿童组织之前，她曾在约旦担任美国国际开发署资助的教育项目的工作组副组长，与约旦教育部幼儿教育总司合作，扩大了公立幼儿园的入学机会，提高了公立幼儿园的质量。她拥有哈佛大学教育学院的国际教育政策硕士学位。

通信地址：UNESCO International Bureau of Education, P. O. Box 199,1211 Geneva 20, Switzerland
电子信箱：kmerseth@rti. org

理解即对模式的感知。

　　——以赛亚·伯林

　　尽管发展中国家的初等教育入学率正迅速赶上高收入国家(联合国教科文组织,2015),但儿童的学习成效却有天壤之别。联合国教科文组织(2014)估计,已经入学但未能掌握相应基础知识的儿童约有 2.5 亿。贫困国家学习成绩处于中位水平的儿童,如果置于高收入国家学业分布表进行对照,其排位令人相当灰心。克劳奇和高夫(Crouch & Gove 2014)采用了三种不同方法进行评估,结论是中等和低收入国家中位水平儿童在国际或地区评价中的表现,相当于高收入国家成绩分布表上位于后 1% 至 8% 之间的儿童。费尔默、哈桑、普里切特(Filmer, Hasan & Pritchett 2006)提出,印度尼西亚学生的平均阅读能力与法国居于后 7% 的学生水平相当,巴西学生的平均数学得分与丹麦学生位居后 2% 的水平相当,秘鲁学生的平均科学得分与美国学生位居后 5% 的水平相当。考虑到印度尼西亚、巴西、秘鲁均为中等收入国家,其学生成绩优于大多数低收入国家,这样的发现令人震惊。

　　能够证明此类学习危机的研究成果非常充分,这促使国际社会投入相应资金,也促使联合国最近通过可持续发展目标时,明确把学习效果作为重点。支持设立教育可持续发展目标的人士承认,低水平的学业反映的是低质量的教育。教育可持续发展目标的前两项都是教学质量效果标准,而且该目标还首次提及幼儿期的成长是确保良好小学入学基础的重要途径。幼儿期受到重点关注,表明教育工作者日益意识到其重要性,以及全世界 5 岁以下儿童的悲惨处境。这类儿童估计有 2.494 亿,约占全球儿童总数的 43%,他们因为贫困很可能无法挖掘成长潜力(Black et al 2016)。

　　全球教育界长期以来都在为初等教育质量低下的原因辩论不休。即便在 1990 年采纳"全民教育"目标之前,专家也曾警告,仅聚焦入学率和毕业率,但对学习过程重视不足,会造成质量的崩塌(Fuller & Heyneman 1989)。此后的分析证明,这种担忧有着十足依据。在千年发展目标成为耳熟能详的术语前,普里切特(Pritchett 2001)的跨国家研究证实了入学年份的增加并不必然同劳动者生产率相关联,因而主张教育质量低下才是根本问题。联合国儿童基金会(UNICEF, Chapman 2002)、世界银行(Nielsen 2006)、美国国际开发署(USAID, Chapman & Quijada 2009)的投资评估表明,尽管投入数十亿成百上亿美元资金,经过数十年努力,但仍然没有证据表明这些投资改善了学生学业。哈努舍克和沃伊斯曼(Hanushek & Woessman 2008)进一步证明,学习年限指标本身与经济发展没有联系,在普里切特首次报告学习质量和水平低劣的挑战几十年后,他仍然能自信地宣称,"学校教育并非学习"(2013)。

　　然而,识别和回应低效学习警告的最好方法是什么?拉丁美洲率先进行的以留级作为学业低下首要指标的早期研究(一名儿童第二次在同一年级学习即算留级,无论考试成绩是否不及格)显示,低年级留级数量大概是官方机构和部委估计或报告数量的一倍以上（Schiefelbein & Wolff 1993；本章将随后提出一些可能的倡议）。研究人员开发了各种各样估算真实留级率的模拟方法（Crouch 1991，Klein & Costa 1991）。这个水平引发的担忧和讨论并未在许多出现同样问题的其他国家兴起（主要是非洲和亚洲的国家），在拉美也从未彻底解决。一些机构提及留级率高的问题（例如 Bernard，Simon，and Vianou 2007 中的 CONFEMEN 以及 Hungi 2010 中的 SACMEQ），但很少促使人们注意到一些国家低年级留级率可能是官方报告的两倍、三倍甚至四倍（GPE 2012）。伯纳德等（Bernard et al. 2007）和恩特卓根-索诺（N'tchougan-Sonou 2001）更加完整地总结了有关留级的文献，这些文献都有力地表明，留级是一项低效的政策，尽管有些时候也带来了一些积极效果。

留级仅仅是学习危机的一部分：贫困国家儿童接受学校教育的年头比高收入国家多，但学业效果约相当于高收入国家 15% 标准分学生水平。本文认为，这种学习危机背后是一种可能的或然因素，即学前两年及小学一至三年级期间的一系列相互关联的问题。这五年恰好是基础教育的五年窗口期，我们称之为"基础前五"。有证据显示，高质量的学前教育能够对幼儿早期学习产生实质性影响（Yoshikawa & Kabay 2015），然而在许多中、低收入国家，我们观察到，学前教育准入和质量标准较低，同时一年级入学率又比较高，在一些地方造成了极高的师生比。对低年级班级大小的研究（Mosteller 1995）和常识都告诉我们，班级学生人数过多对学业有害。在一些低收入和中等收入国家，一名教师负责 70 多名学生或一个班级 70 多名学生的情况并不鲜见。

本文列举了一、二、三年级超员"膨胀"的文献（二、三年级程度相对较轻，但也比较显著），并通过年龄和年级对比分析表明，在儿童早期基础教育几年里学生的升级成效并不好。总体上，我们提出三种理论：（一）儿童错过了学前教育的早期学习机会的关键窗口期；（二）早期基础教育班级的学生年龄偏大或（可能）偏小，学习面临较大困难，很难跟上教学进度；（三）低年级基础教育学生留级人数较多，影响了教学效率，造成负面影响。我们主张，为了实现教学成绩的可持续改善，有关国家必须在"基础前五"的时间内同时解决这些相互关联的问题。

因为这些问题相互关联，同时解决可能不会像表面看上去那么困难。我们无法证明这种方法能够解决相关国家小学质量低下的普遍问题，但迄今发现的经验模式是极为重要的，研究界应当予以重视。可以对各国逐一进行研究和实验评估，以便进一步分析这些问题并制定政策。

研究方法

除非另有说明，本文使用的所有计算数据均直接从联合国教科文组织统计所或世界银行教育数据系统 EdStats 网站下载。我们使用这两个机构的免费征询系统以创建分析数据库支持本文研究。我们使用的全部是近五年的平均数，以避免数据的偶发波动影响。我们还从世界银行教育数据系统的征询系统调取了逐年同龄人口数据。

尤其是，我们用以下数据建立了一个数据库：一至六年级入学人数、学前教育总入学比例、一年级总招生比例、按国际购买力平价计算的人均 GDP、7—12 岁人口总数、小学生人均公共支出与人均 GDP 之比。我们还建立了几个变量，包括一至六年级各年级入学数量与适龄人口比，以及二年级入学人数与一年级之比（世界银行数据系统可在世界银行网站查阅）。

我们提出了似乎构成上述问题的经验模式的三个部分：一是早期初等教育的"膨胀"，主要是由于低年级超收、主要表现为辍学的一二年级学生减少、积重难返的一年级过量招生。二是缺乏学前班教育。三是低年级学业水平低劣（以阅读能力衡量）。

在"早期初等教育膨胀"部分，我们用数据表明，早期初等教育各年级异常高（但未获承认）的留级率。在"缺乏学前教育服务"部分，我们描述了低水平的学前教育，解释了这为何弱化了基础学业技能。在"低年级的差成绩"部分，我们提供了数据证明，低年级学生以阅读技巧考核的学业是低下的。在"解释基础变量的相互关联"部分，我们探讨了这三种现象（基础变量）如何共同作用，提出了一些可能解释其相互关联的假说。在"效率和成本影响"部分，我们分析了这些基础变量问题的成本-绩效影响，以及教育系统已经不知不觉地支付学前教育隐形成本的可能性。最后，在"进一步分析和政策对话的意义以及建议步骤"部分，我们提出了研究和政策对话的方向。

早期初等教育膨胀

过去 10 至 15 年迅速扩大招生规模的国家似乎存在一个严重问题，即对低年级的留级问题存在误解，也缺乏报告。大多数情况下，该问题涉及的都是撒哈拉以南非洲国家。类似 20 世纪 80 年代拉丁美洲的趋势，谢菲尔贝恩和沃尔夫（Schiefelbein and Wolff, 1993）等人对此均有记载。在许多发展中国家，"承认留级"持续成为严重问题，伯纳德（Bermard et al 2007）等人在一份以非洲为主要研究对象的报告中有反映。我们认为，在不少国家也能够发现大规模的、不被承认的留级，我们的论断是，此类留级与构成一系列相关问题的其他问题有很强的关联。

在继续讨论之前，两个技术问题需加以解释。首先，在一些国家，最具相关性的年龄段可能是 6 岁（一年级）或者 7 岁（二年级），但这对本文研究不是非常重要。这是因为，在以一岁为划分单位的年龄组之间，人数差别平均只有大约 3%，即便在人口增长通常更快的最贫困国家也是如此。其次，我们参考的国家数据取自 2008 年至 2012 年，是从前文提到的 UIS 和 EdStats 系统下载的。终止年份不同的数据组列出的国家范围也不相同。我们选择的是可以应要求提供数据的国家。

我们根据一年级和七年级入学人数比将数据库中的国家归类,建立了经验模型。据此我们发现,有 39 个国家比值高于 1.3,亦即这 39 个国家因超量入学导致的退学率超过了 30%。我们以 30% 的退学率作为基准,是因为该比例相对较高,值得注意且不大可能是测算误差。同时,该比例又相对较低,能够筛选出相对较多我们认为存在超量入学问题的国家。在表 1 中,我们给出了这些国家关键比值的中位数。

表 1　一年级入学人数与适龄人口比例大于 1.3 的国家关键比率的中位数

比率或指标	中位数
一年级入学人数与 7 岁人口比	1.50
二年级入学人数与一年级入学人数比	0.82
二年级入学人数与 8 岁人口比	1.28
小学总招生比	1.27
小学总入学比	0.24

资料来源:根据世界银行 EdStats 数据库资料计算得出

发展中国家专攻教育问题的规划或评论人士有时会误解这些指标的意义。此类误解有以下三个例证:

首先,教育决策者和规划者有时会将很高的总招生率归因于过迟或过早入学(参见 Uganda Ministry of Education 2011,第 49 页;Federal Democratic Republic of Ethiopia 2010,第 31 页),但该比例居高不下已有很多年。因此,不足龄或超龄入学均无法成为主要原因。一旦某个儿童已经入学,无论其不足龄或超龄,都不可能再度作为新生入学。其次,规划者和决策者均不承认关键比率与官方留级率之间存在不一致。例如,莫桑比克的报告显示留级率仅为 5% 或 10%(莫桑比克教育部,2012年,第 57 页),但一年级入学率与适龄儿童的比例高达 1.77。该国数据还显示,自动升级制度减少了留级率,但几乎在同一时间,一年级入学人数与适龄人口的比例却有所上升,这表明学校事实上并未执行自动升级制度(我们在 http://UISdata. uis. unesco. org/网站从 UIS 数据库下载了动态趋势数据以研究这个长期趋势。本文提及趋势时,数据均来自该数据库)。第三,评论人士有时会认为,较高年级入学率与较低年级入学率(如二年级与一年级)的比率——要么是同时要么是随着时间推移——均能够反映辍学现象,尽管较高年级入学人数与适龄人口比超过或非常接近 1。南非部长委员会(2008)记述了该国的相关辩论——最终,论辩双方达成了一致。

是什么因素促成了这些比率的出现? 它们何以能够显示不被承认的留级是一个潜在问题? 总招生率高达 1.27,一年级入学人数与适龄人口比例的"膨胀",可能确实反映出某个系统内因之前入学率严重不足而采取了"追赶"政策。一个国家可能正在停止冲突恢复秩序，或者正在实施免费教育，或者仅仅是在之前服务不到位的地区开始兴建学校。这些原因中的任何一个，都可以解释持续数年的低年级入学率膨胀。

不过，上述 2008 年至 2012 年的比例已存在了多年。从我们的数据库看，具备更早时期可用数据的同一组国家，2008—2012 年之前 5 年（2003—2007 年）的总入学率中位数已经达到了 1.31。如果在此之前的入学与适龄人口比率就非常低，需要"追赶"的话，这本身可能并不出人意料。但情况并非如此，因为 2003 年至 2007 年，一年级入学人数与适龄人口的比例已然非常高（1.67）。再回溯至 1999 年至 2003 年，一年级入学人数与适龄人口的比例和总入学率分别为 1.53 和 1.31。因此，一年级的招生膨胀和入学超员在这些国家至少持续了 15 年，有关比率的膨胀无法归因于追赶或超龄和不足龄入学，因为说到底追赶不可能是个永久现象。

唯一合理的解释似乎是未报告的留级。或者，上述数据不匹配的原因可能是数据不准。但是，下文将论述欺骗性的浮夸报告导致的数据失准可能不是主要原因；同时，学生在一年级留级时并未报告为重新入学或留级，却报告为新生入学，从而导致数据不准，这可能是一个原因。在马拉维、莫桑比克和卢旺达进行的三个案例研究有助于阐明这个原因。

马拉维可以视作一个典型案例，该国 2008 年至 2012 年的二年级与一年级入学比率为 75％。因此，21 世纪最初十年里，评论人士和捐助机构将马拉维列为辍学率很高的国家，即便低年级也是如此。然而，该国一年级入学人数与适龄人口（6 岁及 7 岁）的比率奇高（1.9），表明一年级入学儿童比目标人口多出 90％。同样，二年级入学儿童比目标人口多出 64％，这并不意味着相关辍学发生在一、二年级期间。此外，在大约 10 年时间里，马拉维官方公布的平均招生比率约为 1.65（一年级入学儿童比适龄人口多出 65％）。无论是说相关学生均为新生入学，还是说不足龄和超龄儿童入学造成了这一比率，从人力资源条件看都是不可能的。事实上，如此高的招生率只需保持几年，就可以在 2 至 3 年后将拖后腿的儿童一网打尽地招入学校，无论他们是不足龄还是超龄。

在这里，我们使用术语"折腾"来指代未报告的留级，因为这个词听起来不太刻薄，但又能形象地表达这个问题带来的浪费。唯一能够合乎逻辑地解释上述数据相互脱节的可能就是"折腾"：一年级招收了大量儿童入学（其中一些并未达到入学年龄标准），使学生人数膨胀，但他们会在一年级待大约两年（许多学生希望这样，无论是正式还是非正式），然后在二年级再次"折腾"（尽管人数会少一些）。因此，二年级学生人数低于一年级不是因为辍学，而是因为二年级的"折腾"较少。

联合国儿童基金会的多指标群体调查（MICS）显示，一年级和二年级学生平均年龄差距是 1.7 岁，这也佐证了上述问题的大致严重程度。换言之，学生在一年级待了 1.7 年,平均折腾率为 70%,这或多或少与报告的入学和适龄人口比率(1.9)相一致,该比率是基于马拉维国家统计办公室和联合国儿童基金会(2008 年,第 313 页)的报告数据计算出的。(在一个理想的系统中,每个年级儿童在该年级度过的时间应当都是 1 年,没有丝毫折腾)。MICS 的数据也证实,所有儿童基本上都在 13 岁以前入学了,这与认为马拉维等国家低年级辍学率较高的盛行观点截然相反。由于一年级超收 90%,二年级超收 64%,马拉维可能认为其无法负担初等教育开支,但从某种意义上说,它的教育服务支出又很低效,正如我们在下文中要讨论的那样。

在莫桑比克,儿童在一年级学习的平均时间是 1.6 年(以莫桑比克国家统计研究所 2009 年报告中的 MICS 数据为基础计算得出,第 162 页)。十多年来,官方报告的入学比率一直是约 1.5。因此,任何一年的入学人数都超过适龄人口 50%。这是不可能的,因为在入学人数开始飙升的 2000 年前后,未入学儿童的人数完全不足以支撑如此之高的招生人数长达 2 至 3 年(Crouch 2011)。我们的世界银行数据库显示,一年级入学人数与适龄人口的比率是 1.7。但是,官方公布的留级率只有大约 4%,这是不可能的。除了大量留级(可能大都属于未入册的留级)外,没有什么可以解释如此高的超额入学何以发生的原因。

在卢旺达,官员们一直称过去十来年的招生率约为 170%。一年级总入学人数是适龄人口的两倍。此外,一年级和二年级的显性辍学率是 30%(二年级入学率与一年级入学率之比约为 70%),而二年级入学人数与适龄人口的比率很高(152%)。表面上看,这些发现是不合逻辑的,唯一的解释似乎还是留级现象没有获得官方承认。

这背后自然而然就出现了一个问题,即这些数例是否完全可以归因于伪劣数据? 在上述数据变量上,数据需要警惕的国家也是相对比较贫困的国家,因此这可能与统计体系薄弱有关。然而,上文计算儿童在一年级学习的时间时,有一些线索可以表明,这样的比率不会全部都是因为伪劣数据导致的(或者说,不同来源的所有数据一模一样的伪劣)。正如下文所述,一些数例的确是错误注册数据所致,但与粗制滥造的错误报告或有意和欺骗性的错误报告相比,错误数据的作用可能更加隐晦一些(更加与政策有实质关联)。

人口数据也可能很糟糕。在许多国家,单一年龄组的数据据说相当不可靠。也有理由认为较贫困的国家人口数据更加不可靠。然而,在我们使用的数据库中,人口数据已经经过了梳理和分析(我们的数据来自世界银行 EdStats 数据查询系统,后者又取自联合国教科文组织统计研究所),而不是原始的普查数据。更重要的是,关键比率的强烈匹配,表明伪劣的人口统计数据只能作为部分原因。二年级与一年级入学人数的比率并不包含一年级的人口统计数据,但该比率与包含了一年级人口统计数据的两个比率相比,显示出非常强烈的反关系,后两个比率分别是一年级入学人数与 7 岁人口的比率(二年级与一年级入学人数与该比率的相关性为反相关)和一年级入学人数与学前总入学率(二年级与一年级入学人数与该比率的相关性为正相关)相比,如表 2 所示。事实上,这些相互关系展现出的非常匹配但相互呈反比的趋势,即数据变量之间的高度相关性,表明人口统计基准数据的问题并不是上述对比结果的强原因。

表 2　关键早期变量的内部相关性

	一年级入学与7 岁人口比率	二年级与一年级入学人口比率	学前总入学比率	一年级总招生比率	购买力平价计算人均 GDP
一年级入学与 7 岁人口比率	1				
二年级与一年级入学人口比率	−0.64***,−0.61***	1			
学前总入学比率	−0.27***,−0.17**	0.47***,0.38***	1		
一年级总招生比率	0.86***,0.84***	−0.55***,−0.49***	−0.16*,0	1	
购买力平价计算人均 GDP	−0.25***,NA	0.34***,NA	0.46***,NA	−0.28***,NA	1

注:NA 指由于在某项局部关联已经将人均 GDP 纳入计算,因此无法使用人均 GDP。单元格还有一项意义,即标志 GDP 纳入了考量或调整时的局部关联。

$***p<0.01；**p<0.05；*p<0.01$

资料来源:根据从世界银行 EdStats 数据库下载数据计算得出

　　另外,将我们使用的数据库与家庭调查数据相比较,会有一些有趣的发现。前者以行政管理数据作为分子,以人口普查数据作为分母(除了二年级与一年级入学人数的比率),后者的分子和分母的数据来源是相同的。表 3 显示了两个数据来源的三个关键比率,即我们使用的数据库与联合国儿童基金会 MICS 多指标群体调查的家庭调查数据。这些比率凸显了四个样板国家,这四个国家均呈现出上文描述的原型模式,以及南非这个近来呈现出原型模式的中等收入案例。我们本想比较更多国家,但并非所有国家都完成了每一轮 MICS 多指标群体调查,因此比较的时间区间无法契合。原则上,我们可以分析人口与卫生调查(DHS)数据,但该调查不会按年龄和年级发布入学数据,因此只能挖掘原始数据库。今后发表研究结果时,我们会更系统地进行这样的对比。

表 3　数据来源比对

国家	数据来源	一年级入学人数与7 岁人口比率	二年级入学人数与8 岁人口比率	二年级与一年级入学人数比率
布隆迪	本文数据库	1.88	1.42	0.72
	MICS2005	1.80	1.30	0.68

续表

国家	数据来源	一年级入学人数与 7岁人口比率	二年级入学人数与 8岁人口比率	二年级与一年级 入学人数比率
老挝	本文数据库	1.85	1.33	0.73
	MICS2012	1.64	1.25	0.80
马拉维	本文数据库	1.97	1.51	0.75
	MICS2012	2.40	1.63	0.67
莫桑比克	本文数据库	1.77	1.58	0.87
	MICS2012	1.49	1.29	0.93
南非	政府和人口数据(2003)	1.65	1.25	0.88
	入户调查数据(2003)	1.56	1.13	0.86
平均	本文数据库或其他 政府数据(南非)	1.82	1.42	0.79
	入户调查	1.78	1.32	0.79

注：参见正文内容了解本文数据库

资料来源：老挝 MICS2012 由老挝卫生部和老挝统计局计算(2012年,第379页)。马拉维 MICS2006 由马拉维国家统计局和联合国儿童基金会计算(2008年,第313页)。莫桑比克 MICS2008 由莫桑比克国家统计研究所(2009年,第162页)计算。布隆迪 MICS2005 由布隆迪经济和统计学院计算(2008年,表 DQ.1 和 DQ8)。南非政府数据来自南非教育部(2005年,第8页)以及下载和分析南非统计局人口预测。南非入户调查数据通过下载 2003 年住户普查完整数据库(南非统计局,2003年)获得。

　　平均值是能够说明问题的；显然,仅有五个国家的样本不足以获得有力的平均数据。但这些数值的确表明,至少这些国家的数据来源并未显示出太大差别,尽管部分变量在一些国家有较大差异。在二年级和一年级入学比率数据上,已经创建的数据库与入户调查数据之间的差异是最小的。因此,人口统计数据的不规范(分母的问题)只能作为造成问题的相对较次要原因。在分母不包含人口数据的变量上,两个数据来源完美地相互匹配。如果把马拉维的情况解读为可能的异常,那么根据数据显示,问题就是虚报入学人数,而不仅仅是将再度入学误归为新入学。事实上,调查数据一般会比官方数据大约低 10 到 15 个百分点。但这些调查表明,在所讨论的原型国家中都有较大比例的超额入学。例如,即便是入户调查也显示,一年级超额入学率达到了 78%。

　　能够证明这些范例无法完全归因于入学人数整体虚报的例证,是相关数据在低年级强烈地显现出超额入学的特性。上文表1列出了 39 个国家一、二年级入学人数与适龄人口比率的中位数,其中一年级与 7 岁人口比率很高(>1.5)。我们在下文的图1中呈现了全体 39 个国家所有年级的数据,该图体现了年级越低超额入学越严重的模式,以及全体 39 个国家一致的程度。中间的曲线是一个穿连所有入学人数与人口比率中位数的多项式拟合。一年级比率超过了全体年级的平均比率(1.15) 30%。同时,六年级比率低于平均值比率 25%。值得注意的是,大约半数国家,入学人数与适龄人口比率到六年级才下降至 1 以下,一直到三年级都保持在 1.2 以上,这是我们把五年级纳入"基础前五"的一个原因。即便六年级留级率显著下降,在大约半数国家,约六年级之前,辍学人数也少之又少。

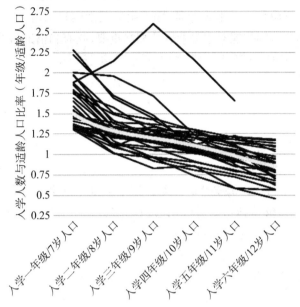

图 1　数据库内所有国家的一至六年级入学与适龄人口比率

资料来源：根据世界银行 Edstats 数据库下载数据计算得出

缺乏学前教育服务

　　一年级大量"折腾"的国家大都是学前教育入学率很低的国家。在此,我们必须确定学前教育的总入学率,因为许多学前教育计划不一定有清晰的年级架构。联合国教科文组织数据中心(UIS)学前教育总入学指标,是不分年龄的整体学前教育入学人数除以学前教育"官方"适龄人口计算出的。因此,对于公立儿童早期发展中心(ECD)来说属于"官方适龄"的人群,可能会选择任何类型的中心入学。该比率可能超过 1,这不仅是因为超龄和不足龄人口入学,而且还是因为非公立中心的学生可能包括不符合公立中心年龄要求的儿童。

　　在我们计算的数据中,一年级"折腾"率超过 30％的 39 个国家的小学入学率平均只有 24％。总体而言,低收入国家的学前教育服务往往集中在城市地区,为较富裕家庭服务,农村贫穷人口获益极端有限。(教科文组织全球监测报告在 http://www.education-inequalities.org/indicators 提供了一种指南性质的交互式数据可视化工具,名为"准入和毕业：学前教育出勤"。该工具可以通过"最贫困"以及其他变量进行排序。)20 个折腾率超过 50％的国家,学前教育入学率是 17％。相较而言,我们的数据显示,全球学前教育入学率简单(未加权)平均值约为63%。

低水平的学前教育服务并不令人意外,因为最贫穷的国家对它们认为"不重要"的教育服务投入资源最少。幸运的是,随着全球范围内越来越多的证据表明,增进幼儿紧急认知和非认知技能对于学业成功相当重要,政府和捐助机构这方面的观念正在发生变化。例如,2012年国际学生评估计划(PISA)结果显示,在经合组织(OECD)国家,曾经接受过学前教育一年以上的学生,到15岁时数学课程的得分比未接受学前教育的学生高出53分(相当于一年以上的学校教育)(经合组织报告,2014年,第12页)。

有关学前教育的文献已经为学界广泛了解,总结这些文献并非本文主旨。(最新和很全的摘要和推荐,见Barnett and Nores 2012;Engle et al.,2011;Yoshikawa and Kabay 2015;and Young 2014)。文献表明,发展中国家环境中也能够提供高质量的干预,效应值能够达到0.5至0.7之间(以多种相关卫生和认知结果指标衡量)(Rao et al. 2014)。就我们的目的而言,关键在于研究已经表明,学前教育能够改善儿童的认知发育并提高入学准备水平。一项综合了37项学前教育中心项目研究的分析表明,此类教育对儿童的认知发育产生了可靠、积极的影响(Rao et al. 2014)。没有获得充分认知刺激的儿童未能发挥出全部潜力。我们对人类发育的了解是,儿童掌握新技能的能力是随着时间推移而增加的。例如,普通的3岁儿童无法做到普通4岁儿童能够做到的事情。儿童的发育进程表明,不足龄儿童即使在最好的环境中也无法对掌握一年级的知识技能做好十足的准备,更何况上述环境还并不是最好的。

要确认上述比率具有强烈的"模式化"特征,要找出一系列关联问题(从表1看并不明显),并且说明这些问题在某种程度上与整体发展水平无关,就需要回忆一下表2列出的上述变量之间的成对相互关系,以及它们与人均GDP之间的相互关系。表2还在每一项中以子项的形式表现了将人均GDP纳入考虑后这些变量之间的部分相关性。

几乎所有这些关系都很强,在统计数据上也非常明显。在解释表格时,如果用各种统计分析包(如Stata)使用的"标准系数"或"β"系数评估,就能够发现双变量相互关系等同于效应值。因此,如果像美国教育部"有效教育策略资料库(What Works Clearinghouse)"(2015)项目那样,以0.25这个保守值来截取,以便获得足够报告的样本,那么这些关系在实质性条款中也很重要。一年级的折腾(入学人数与适龄人口比)与从一年级到二年级入学人数的下降高度负相关,但与入学比率正相关。相反,一、二年级之间的入学人数下降与学前教育的普及高度正相关,与极高的入学率高度负相关。

将作为整体发展水平替代指标的人均GDP纳入计算,不会对这些相关性产生显著影响。一旦我们纳入人均GDP,上述相互关系的统计可靠性就略有下降,但这种关联性的统计学意义仅有0.01级或以上。唯一的例外仅有:一是一年级入学人数与 7 岁人口比率同总学前教育入学率之间的相关性,该相关性具有重要意义,但相关性不强;二是一年级学前总入学率和招生率这一比例之间的相互关系,但这组相互关系并不重要。

学前教育入学率与超额入学和一年级的"折腾"是负相关的。换言之,学前教育缓解了这个问题。学前教育入学率每提高一个标准偏差,一年级折腾量就降低 0.27 个标准偏差。从完全没有学前教育到完成学前教育,一年级的"折腾"降低了 21%。因为所有国家(并非低收入国家)的平均折腾率仅有 15%,这个效果很明显。对于最贫困的国家,降低"折腾"百分比的效果自然会更低,因为这些国家的折腾率超过 30%。为了以实例说明这种差异,可以对比一下折腾率高、学前教育入学率低的国家,如乌干达(一年级折腾率约为 74%,学前教育入学率约为 14%),和情况恰好相反的国家,如阿尔及利亚(折腾率仅有 8%,但学前教育入学率高达 70%)。

学前教育入学人数与二年级同一年级入学人数比呈正相关,与这一年级至二年级入学人数的表面下降呈负相关。学前教育入学人数的一个标准偏差与入学人数表明下降的 0.47 个标准偏差相关,如果适龄儿童学前教育率从 0 增加到全体(以入学比率衡量),就带来一至二年级入学人数少下降 13%。考虑到各国(不仅穷国)的平均下降率为 6%,这也是个不小的影响。乌干达和阿尔及利亚可以作为典型进行对比:乌干达一年级至二年级降幅约为 30%,学前教育入学率为 4%。相比较而言,阿尔及利亚学前教育入学率为 70%,一至二年级降幅为零。加纳这个相对贫穷的国家情况也有一定的观察意义。该国由于提高了学前教育入学率(达到约 100%),一至二年级入学人数降幅相对较低(仅约 8%)。然而,我们将在下一节中解释,情形可能不像看起来那么美好。

如前所述,总体发展水平(以人均 GDP 为代表)的确会是上述相互关联效应的一个影响因素,但多数情况下影响不大。然而,观察所有变量随着人均 GDP 不同的变动,是件有意思的事情,人均 GDP 对变量显然还是会产生一些影响的。为了以图表分析这种关系,我们根据人均 GDP 将上述国家分为五等,用曲线标识出关键变量。图 2 表明,一年级大量"折腾"、过量招生、学前教育入学率过低,在人均 GDP 最低两分位的国家是典型问题。在图 2 中,从最低一等到最高一等,所有曲线的倾斜度都是很类似的,尽管有些是向上曲折,一些是向下曲折。这些类似的倾斜度,与上文中提到的各组相互关系一道,凸显了一个由相互关联的问题纠缠在一起形成的"结"。然而这并不足以让我们声称学前教育入学率低造成了初等教育过量入学。表中曲线随后从第二分位国家至第三分位国家段分化,表明上述现象在位于贫困端的那 40% 的国家中尤其交织纠缠。

本质上,高入学率、一年级入学人数与适龄人口的臃肿比率、一年级至二年级学生人数的下降,揭示的都是相同或几乎相同的事情。它们还受到学前教育入学不足导致的入学基础不牢固的很大影响。综合看,这些薄弱的基础都预示着低年级学习水平的低下,正如下一节所展示的那样。

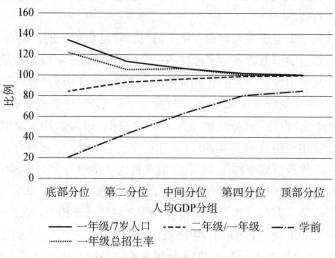

图 2　基础教育年变量与人均 GDP 的关系

注:G1∶7＝一年级入学人数与 7 岁儿童人数比率;G2∶G1＝二年级入
学人数与一年级入学人数比率;GERPRE＝学前教育总入学率;
INTAKE＝一年级总招生率

资料来源:根据世界银行 EdStats 数据库下载数据计算得出

低年级的差成绩

除了"折腾"和留级外,基础薄弱还表现在低年级连最基础的技能学习都不具备。阅读、数学、社会情绪技巧、自律都是后来学业成功的基本要素。在低年级,一些素质缺乏严格、可靠、能够进行国际对比的衡量标准,尤其是社会情绪技巧,但阅读技巧的数据非常扎实。这些数据表明学习危机开始得很早。

一些研究显示,在较贫困国家,大约有一半的二年级儿童完全无法读出"Tom wakes up very early. Today is the first day of school."这么简单的英语句子或其他语言类似句子中的一个词语。图 3 显示了对 53 个国家/语言组合(21 个国家和 31 种语言,其中一些国家通用一种以上语言,一些语言在 1 个以上国家通用)的研究结果分布。为了防止对各国的"比赛成绩"产生关注,我们没有对国家点名。相反,我们用随机的识别码来指代所有的国家/语言组合。这些研究属于早期阅读评估(EGRA)的一类,但未必正式称作 EGRAs(参见 Dubeck 和 Gove,2015 对 EGRA 的描述),是 2007 年至 2014 年间进行的。

完全无法阅读儿童占比的中位数是 50％。有关国家一般都是赤贫的国家。此外,一些研究是在国家以下的层级进行的,而且仅仅是在这些国家的贫困地区。因

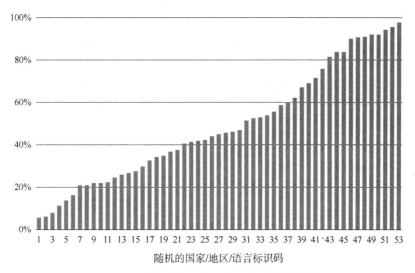

图 3 二年级学生无法读出一个词语的比例

注：本图显示了 53 个国家和语言组合，每个组合均由随机的识别码标识，国名没有列出。
资料来源：以"RTI 国际"的低年级阅读能力研究数据库资料为基础制图

此，不能说这些研究能够总体代表发展中国家。但是，它们在某种程度上能够代表对最贫困的两个档次国家或最贫困的两个档次人口产生影响的情况，即便在一些中等收入国家也是如此。

由布拉罕教育基金会发起或启发的研究，例如印度的教育状况年度报告（ASER）和东非的 Uwezo 基金会报告对于低年级的低级别学习得出了类似的结论。例如在乌干达、坦桑尼亚和肯尼亚，到 2011 年时，即使三年级学生中，"3 个也有 2 个无法通过英语、斯瓦西里语和数学的标准二级基础测试"（Uwezo 报告，无出版日期）。在印度，2011 年大约有 40% 的三年级儿童无法阅读一年级的课文段落（布拉罕教育基金会，2013 年，第 66 页）。更多 ASER 和 Uwezo 数据参见 Uwezo 基金会和 Hivos/Twaweza 基金会东非报告（未注明日期），Uwezo 基金会和 Hivos/Twaweza 基金会东非报告（2013），Uwezo 基金会和 Hivos/Twaweza 基金会东非报告（2012），布拉罕教育基金会报告（2014）。

各项研究均倾向于认为，二年级学生中（在这些国家或地区）大约有一半无法阅读或无法读懂最简单的文本。因此，学习危机的开始和发现时间，比小学高年级研究所显示的要早很多，这类研究包括国际数学与科学研究趋势（TIMSS）、国际阅读能力研究进展（PIRLS）等，是在"基础前五"之后年龄更大一些的儿童中进行的。

解释基础变量的相互关联

总之，具有紧密关联的几个因素是：学前教育入学率偏低、一年级招生率浮高、

"折腾"、一年级超员入学（基本上是因为留级）、一年级至二年级表面上大量辍学。在能够找到数据的国家，低年级学业水平一般也非常低。这些问题经常给国家和捐赠者带来困扰，因为他们可能严重低估实际留级率，从而在制定教学部门计划时未给予充分应对。这些数据同样表明，在一年级、二年级的入学人数与适龄人口比分别达到1.5和1.28的国家，政府某种程度上可能已经在为学前教育买单，要么是买在明处（入学人数推动了拨款计划），要么是买在暗处（以低效和浪费的形式）。

我们的假定是，在缺乏学前教育的国家，大量儿童进入一年级学习，然后由于升级前无法掌握相应知识，只能在一年级"折腾"好几年，升入二年级再度"折腾"，尽管人数相比一年级"折腾"的人会少一些，但仍然不小。二、三年级继续（数量更低且在下降）超员，很可能是由于缺乏学前准备和一年级学业水平低下。此外我们还知道，对许多被考察国家，儿童进入二、三年级后，在每个年级停留的时间都超过一年，这也表明这些年级存在大量留级。

这种持续的学生人数超员和不足龄儿童（在一些情况下）的"折腾"能够解释与同龄人口数量水平不相称的招生人数持续偏高。儿童如果进入一年级的时间过早，同时/或者没有机会进入适龄的学前教育环境培育基本技能，对于学业是极为不利的。这一点，与一年级和二年级课堂严重超员的影响一道，造成了糟糕的学业效果，这已有充分文献反映。这些薄弱的基础反过来又促成了整个初等教育圈的学习危机。

一些可能的因素也可能促成一年级的膨胀。在以学生人数为基础制订拨款预算的体制中，在入学人数上浮夸能够尝到甜头。在这类情况下，简单地允许实际上不足龄的儿童进入一年级，要比捏造不存在的学生更加简单，或者风险更小。此外，家长也确实需要免费的托儿所，这也使得大量不足龄儿童进入一年级，就算学不到什么东西，对他们而言也是个权宜之计。最后，学校方面一般也不会让已经入学但三天打鱼两天晒网的学生真的在考试中不及格。如果这些学生随后在下一学年中又出现在同一个年级，校方或主管机构会将他们作为"新生"，而不是作为留级生上报。或者，一些国家可能安排能力较弱的老师教一、二年级，教学方面的欠缺也成为学生留级的因素之一。总体上，这些学生几乎没怎么学习，而教师和家长也知道学生会留级，就打算让他们一直留级到掌握入门知识，即便政府实行自动升级政策也无法改变这一现实。

在接下来一部分，我们描述了为我们的假说提供数据依据的趋势所带来的效率和成本影响。

效率和成本影响

在上文中，我们认为，由于"基础前五"这几年存在的问题，许多国家已经在为学前教育买单，要么完全不自觉地，要么在其他预算项目下，要么直接明显地，要么是通过低效和低劣的学业。在本节中，我们要叙述是怎样掌握这类低效问题，这些问题又是如何为我们的观点提供支撑数据的。虽然严谨地量化这种代价超出了本文范畴，但我们还是能够做一些有益的估算。下文中，我们列出了三种成本效益分析方法。

第一种方法：使用超员入学估计

使用迄今所有估算数据构建的相同数据库，第一种方法的逻辑如下：

● 选取一年级折腾率（一年级入学人数同 7 岁人口的比率）超过 30％这一保守水平的国家，这些国家折腾率中位数一年级为 50％，二年级为 28％。

● 这些国家一、二年级入学人数同小学入学总人数比率的中位数分别是 29％和 20％，因此小学入学总人数的 20％（0.50×0.29＋0.28×0.20）就相当于一年级和二年级的折腾量。

● 由于这些国家的平均小学再读时间约为 6 个学年（确切地说是 5.9 个），折腾量等于 1.2 个学年（5.9×0.2）的成本，这笔成本本来可以正式投向学前教育的。

能够大概估算这笔成本的卢旺达就是一个很好的例子。在我们数据库涵盖的时间段内，卢旺达一年级学生人数比适龄儿童多出 128％（即一年级入学人数与适龄人口比例约为 2.28）。一年级入学人数占小学生总数的 28％，而正常的六年级体系中这个比率应为约 17％。从财政角度来看，在这一时期，卢旺达大约有 34％的教育经费用于小学教育。一年级入学人数占总入学人数的 28％，而且大约 56％的一年级学生属于冗员学生，因此消除冗员学生将节约 5％的小学教育预算（如果杜绝二年级和三年级冗员现象就会节省得更多）。由于卢旺达学前教育支出仅占教育预算的大约 0.2％，终止这种冗员入学将有可能大幅增加学前教育支出。

第二种方法：比较国家

然而，由于诸多原因，相关计算并不像上文所列的那么简单。首先，低年级冗员率高于高年级，涉及的国家一般会安排工资较低的教师教低年级，因此杜绝冗员入学节省的成本不会是线性的。其次，取决于一个国家如何分配资金，学校拨款对冗员可能并不敏感，因此"折腾"的代价可能无法在财务上明确。相反，它可能只能通过学业和效率的低下来发现。

第二种方法提供了一种复核上述计算的方法，无需假定成本或冗员入学的明确资金影响是线性的。

● 在确定的"高折腾"国家，小学教育占教育总支出比例的中位数是 46％。

● 我们在 46％的比例上以 20％的折腾率打个折扣（正如上文基于线性成本所解释的那样，系在小学总入学人数中的占比）之后，在没有折腾的情况下，小学教育支出占教育总支出的比例为 37％，而非 46％。

● 目前，这些国家的人均 GDP（以当前购买力平价计算所构建的数据库最近 5 年数据的平均值）为 2500 美元。

● 我们建立了一组比较国家,其平均值尽量接近这个人均 GDP 水平,但仅限于"非折腾但高入学特征"。要达到这一限制条件,需一年级入学人数同适龄人口比率在 0.9 至 1.15 之间,二年级同一年级入学人数比率高于 0.9,招生率超过 0.95 但低于 1.1。这些国家小学教育支出占教育总支出 38%,这同我们的其他估算(37%)相当吻合。

根据需要,这个结果并不依赖非线性的假设;相反,它仅仅依赖于估算在不存在"折腾"的国家的成本。这一发现证实了这样的估计:在"折腾"最严重的大约 39 个国家中,"折腾"(保守估计)耗费的成本大约相当于 1.2 个学年(这类国家的数量是根据所使用数据年限的情况划定的)。

第三种方法:对毕业的影响

理解效率影响的第三种方法是确定这些变量如何影响学校系统使用资金和资源"制造"毕业的效率。一个直截了当的方法是确定小学毕业率和每名学生经费支出之间的关系:不同国家毕业率的差异有多少是由资金差距"解释"的,有多少是由资金差距"无法解释"的。无法解释的毕业率差异就是衡量低效的一个指标,因为它衡量的是资金无法解释毕业的程度。如此一来,大家可以提出以下问题:我们选择的基础因素反过来是否能够解释低效?

作为经费支出的一种衡量标准,我们把公共小学支出的人均量换算成占人均 GDP 比例,这是衡量财政努力和支出的相当标准的指标。很不幸,我们几乎完全没有发现小学毕业率与人均经费支出在人均 GDP 中占比之间存在关联。能够通过经费支出解释的毕业率差异的比例仅有 0.09(尽管经费支出这项指标的影响具有统计学上的意义,$p < 0.01$)。换言之,经费支出的差异只能解释 9% 的毕业率的差异。

使用分量回归为数据包络线创建代理(或者甚至使用有关变量非线性演变的分量回归)的努力也没有得出任何有益的匹配。进一步解释的话,就是说数据"包络线"是将一个散点图的最高(或最低)点连接起来的一条线。考虑到散点图以横线表示每名学生经费支出,以纵线表示毕业率,包络线显示了相关国家在各个经费支出水平上所达到的最高毕业率。因此,这能够代表最高效率线。其他国家距离这条线的远近能够作为参照衡量它们低效的程度。分量回归类似于这种分析,但却是在散点图上划一条线标识出得分最高的 15%,而不是中位线,并以此来仿制一个数据类包络线。

最后,由于经费支出仅能解释毕业率差异的很小一部分,也就是说,由于低效的比例极高,了解基础因素是否能解释低效,已经没有意义。相反,更加有意义的是了解基础因素是否能够直接"解释"毕业率的差异。那就是:我们的基础因素能够解释毕业吗? 此外,是否有单一的、概括性的基础学年因素有助于促进毕业?

表 2 呈现出四个基础变量之间存在高度内部关联,表明这些变量之间的确有逻辑脉络:似乎存在一种单独的潜在因素能够称为"基础学年因素"。然而,为了把针对上述逻辑脉络的分析用具体形式表现出来,以便确定是否有一种全面、潜在的基

础学年因素能够解释不同毕业率，我们对数据库中所有国家（不光是对折腾率高的国家）的四个变量进行了主成分分析。为了更好地聚焦于低效对一年级入学人数与7岁儿童数量的比率所产生的影响，我们只采用了这一比率超过 1 的"超指标"部分，而且在一年级招生率也使用了这样的截取标准。

正如预料，由于四个基本变量之间的高度内在关联，的确存在一个有合理联系和重要意义的主要因素，使我们能够创建一个汇总变量，如表 4 所示。

这个汇总变量标志着"功能障碍"。如果一年级入学人数与 7 岁儿童比率以及一年级招生人数都过高，那么这个变量的值也会更高。如果二年级入学人数与一年级入学人数的比率较高，学前总入学比率也很高，这个变量的值就会比较低。因此，该变量似乎构成了一个逻辑结论：它表明在高值代表功能障碍的基础变量和高值代表高效的基础变量之间，存在着明确而强烈的对比。

表 4 基础学年因素的主成分内在关联度

用主成分分析法解释的变量在小学毕业率中的比例	0.67
因　　素	主成分系数
一年级入学人数与 7 岁儿童人口数超额比率	0.55
二年级入学人数与一年级入学人数比率	−0.53
学前总入学率	−0.36
一年级总招生率	0.54

资料来源：根据世界银行 Edstats 数据库下载数据计算得出

这些系数的平衡非常好。使用这些系数建立一种汇总变量，并且从小学毕业率回溯考察该汇总变量能够发现，它对毕业产生了实质性影响：效应区间为 −0.58（为负数的原因是该汇总变量表示功能障碍或效率低下），显著水平为 $p < 0.001$。这个汇总变量本身是有关四个变量的线性结合，它能够解释毕业率差异的 34％。

达到 34％ 就远远超出了经费支出-努力变量所能解释的比例。如果将经费支出或财政因素（以小学每个学生经费支出占人均 GDP 的比例衡量）纳入预估小学毕业率的方程，则该方程的解释力将增加 9％（从 0.34 到 0.43）。即便如此，经费支出变量本身或与汇总变量结合起来均无法产生统计学上的意义。因此，"基础前五"因素的结合远比每位学生的经费支出更能有效解释毕业，这表明这些因素解释了这些系统的许多内部效率或低效（"内部效率"是指一个学生毕业所需努力的学年。平均每名学生毕业所需的学年数较高，就意味着低效，这通常是由留级或辍学造成的。低效之处在于留级和辍学的学生消耗了资源却无法直接毕业）。

强烈的警告

我们在这里注意到，即便为目前一至二年级或一至三年级发生的低效和学业不足增加一或两年学前教育,如果这种学前教育质量较低,也于事无补。然而,如果为更低龄的儿童开设另一个课堂,将是为降低一年级普遍的过高学生-教师比率朝着正确方向迈出了一步。

上文表 2 显示,如果我们以 GDP 作为限定条件的话,学前教育入学率便与一年级的低留级率相关。即便这些国家的学前服务质量通常都很低,结果也是一样的。然而再一次,仅扩大学前教育入学但忽视教学质量,并不足以促使学习成绩发生明显变化。各国应该着眼于帮助低龄儿童根据其体智发育水平,相应地在以儿童为中心的课堂中与同龄人一起学习,而不是在满是大孩子的教师中坐在后面,完全无法适应和掌握已经超越了他们发育阶段的内容。学前教育质量最重要的方面是师生时间的刺激性和支持性的互动,以及有效利用课程(Yoshikawa and Kabay 2015)。政府必须增强其实现这些条件的能力。

进一步分析和政策对话的意义以及建议步骤

在这篇论文中,我们认为众多国家的教育系统建立在非常薄弱的基础上,特别是在以下方面:学前教育低入学率、一年级招生的膨胀、一年级和二年级的“折腾”、低年级的无效滞留、许多儿童到三年级仍无法培育必要技能。我们还认为,改善“基础前五”学习情况的成本已经通过大规模浪费和关键学年并未进行相应学习来付出,只不过没有产出好结果而已。我们的证据显示,决策者能够通过进行高质量的学前教育投资显著改变这种状况。

进一步的分析是有必要的。尽管我们在选择数据组时非常谨慎,但官方统计数据可能有偏差,人口统计数据也可能严重失准。然而,本文分析的问题在数据上表现得相当显著,而且模式非常清晰,因此仅从数据偏差上不可能解释所有或大部分提及的现象。尽管如此,进一步的研究至少可以在两个方向上进行。其一,可以进行国别案例研究来确认或质疑有关数据。其二,可以将研究引向更好地有关模式存在的原因,包括上文讨论过的夸大入学率或父母保育需求的动机。

这些不同因素会以复杂的方式关联起来起作用,教育工作者应该对此加以探索。截至本文成稿,我们在乌干达的两个地区仍在开展家庭和学校数据的详尽分析,以更深入地挖掘留级与留级报告、学校教育所需年限、父母和教师对留级的态度、有关学前教育入学的决策等因素之间的关系。对于加强政策对话和改革,以改善“基础前五”的教学来说,类似的个案研究以及对这些动态的进一步研究可能是必要的。同样截至本文成稿时,至少有一家发展机构已表示有兴趣对一些国家进行案例研究,可能是智利、哥伦比亚、印度尼西亚以及老挝,这些国家似乎已经成功解决了基础阶段问题的“集结”。至少,这些国家改善了学前照护的规定。

除了进一步的研究外,我们还呼吁与政府和捐助方进行政策对话,以检讨这些变量在相关国家的复杂互动。他们必须努力解答几个核心问题：构成一年级膨胀的儿童是哪些人？有多少儿童不足龄或者在适宜的年龄环境中能够得到更好的爱护？政府如何提高提供学前阶段适龄、高质量早期教育的能力？低年级真实的留级和辍学率有多高？

至关重要的是，"基础前五"的低效会让教育系统付出什么样的成本？财政上是否存在提高预算效率的空间，以便将资金重新投向高质量的学前教育？或者说，财政的低效"单纯地"表现为浪费和学业的不足？

我们希望本文能够成为研究人员、捐助方和决策者深入探讨这些问题并采取一致举措改善"基础前五"教育的一个起点。

（石 兰 译）

参考文献

Crouch，L. （1991）. A simplified linear programming approach to the estimation of enrollment transition rates：Estimating rates with minimal data availability. *Economics of Education Review*，*10*(3)，259 - 269. doi：10. 1016/0272 - 7757(91)90049 - U.

Crouch，L. （2011）. *Gap analysis*：*Education information and education policy and planning in Mozambique. Final report*. Prepared under the Education Data for Decision Making（EdData II）project，Task Order No. EHC - E - 11 - 04 - 00004（RTI Task 11）. Research Triangle Park，NC：RTI International.

Crouch，L. ，& Gove, A. （2011）. Leaps or one step at a time：Skirting or helping engage the debate? The case of reading. In J. Hawkins & J. Jacob（Eds.），*Policy debates in comparative，international and development education* （pp. 155 - 174）. Basingstoke：Palgrave Macmillan. doi：10. 1057/9780230339361_9.

Dubeck，M. M. ，& Gove, A. （2015）. The Early Grade Reading Assessment（EGRA）：Its theoretical foundation，purpose，and limitations. *International Journal of Educational Development*，*40*，315 - 322. doi：10. 1016/j. ijedudev. 2014. 11. 004.

Engle，P. L. ，Fernald，L. C. H. ，Alderman，H. ，Behrman，J. ，O'Gara，C. ，Yousafzai，A. ，et al. （2011）. Strategies for reducing inequalities and improving developmental outcomes for young children in low-income and middle-income countries. *Lancet*，*378*（9799），1339 - 1353. doi：10. 1016/S0140 - 6736(11)60889 - 1.

Barnett，S. W. ，& Nores，M. （2012）. Investment and productivity arguments for ECCE. In P. T. M. Marope & Y. Kaga（Eds.），*Investing against evidence*：*The global state of early childhood care and education* （pp. 73 - 90）. Paris：UNESCO. http://unesdoc. unesco. org/images/0023/002335/233558E. pdf.

Bernard，J. -M. ，Simon，O. ，& Vianou，K. （2007）. *Repeating*：*An African school mirage?* Prepared for the Conference of Ministers of Education in Countries Sharing the French Language （CONFEMEN），Programme for the Analysis of Education Systems（PASEC）. Dakar：CONFEMEN Permanent Technical Secretariat.

Black, M. M. , Walker, S. P. , Fernald, L. C. H. , Andersen, C. T. , DiGirolamo, A. M. , Lu, C. , McCoy, D. C. , et al. & Grantham-McGregor, D. (2016). Early childhood development coming of age: Science through the life course. Prepared for the Lancet Early Childhood Development Series Steering Committee. *The Lancet*. doi: 10. 1016/S0140 - 6736(16)31389 - 7.

Burundi Institut de Statistiques et d'Études Économiques [Burundi Institute for Statistics and Economic Studies] (2008). *Enquête Nationale d'Évaluation des Conditions de vie de l'Enfant et de la Femme au Burundi-2005* [National survey of children's and women's living conditions in Burundi—2005]. Bujumbura: Institut de Statistiques et d'Études Économiques.

Chapman, D. W. (2002). *A review of evaluations of UNICEF education activities, 1994 - 2000*. UNICEF working paper prepared for the Office of Evaluation and Programme Planning. New York, NY: UNICEF. http://www. unicef. org/spanish/evaldatabase/index_ 14356. html.

Chapman, D. W. , & Quijada, J. J. (2009). An analysis of USAID assistance to basic education in the developing world, 1990 - 2005. *International Journal of Educational Development*, 29(3), 268 - 280. doi: 10. 1016/j. ijedudev. 2008. 08. 005.

Federal Democratic Republic of Ethiopia (2010). *Education sector development plan 2010/2011 - 2014/2015*. Addis Ababa: Federal Ministry of Education.

Filmer, D. , Hasan, A. , & Pritchett, L. (2006). *A millennium learning goal: Measuring real progress in education*. Working paper 97. Washington, DC: Center for Global Development, World Bank.

Fuller, B. , & Heyneman, S. P. (1989). Third World school quality: Current collapse, future potential. *Educational Researcher*, 18(2),12 - 19. doi: 10. 2307/1175250.

GPE [Global Partnership for Education] (2012). *Results for learning report 2012: Fostering evidence-based dialogue to monitor access and quality in education*. Washington, DC: GPE. http://www. dmeforpeace. org/educateforpeace/wp-content/uploads/2014/06/06022014 _FOSTERING-EVIDENCE-BASED-DIALOGUE-TO_Global-Partnership-for-Education. pdf.

Hanushek, E. A. , & Woessmann, L. (2008). The role of cognitive skills in economic development. *Journal of Economic Literature*, 46(3), 607 - 668. doi: 10. 1257/jel. 46. 3. 607.

Hungi, N. (2010). *What are the levels and trends in grade repetition?* Policy Issues Series 5. Paris: Southern and Eastern Africa Consortium for Monitoring Educational Quality (SACMEQ)/ UNESCO IIEP.

Klein, R. , & Costa, S. (1991). O censo educational e o modelo de fluxo: O problema da repetencia [The education census and the flow model: The problem of repetition]. *Revista Brasileira de Estatística*, 57(197),5 - 45.

Lao Ministry of Health & Lao Statistics Bureau (2012). *Lao social indicator survey 2011 - 2012*. http://dhsprogram. com/publications/publication-fr268-other-final-reports. cfm.

Malawi National Statistical Office & UNICEF (2008). *Malawi multiple indicator cluster survey 2006, final report*. Lilongwe, Malawi: National Statistical Office and UNICEF.

Mosteller, F. (1995). The Tennessee study of class size in the early school grades. *The Future of Children*, 5(2),113 - 127. doi: 10. 2307/1602360.

Mozambique Instituto Nacional de Estatísticas (2009). *Inquérito de indicadores múltiplos 2008* [Multiple indicator survey 2008]. Maputo: Instituto Nacional de Estatísticas.

Mozambique Ministry of Education (2012). *Education strategic plan 2012 - 2016*. Maputo: Ministry of Education.

Nielsen, H. D. (2006). *From schooling access to learning outcomes: An unfinished agenda.*

Washington, DC: World Bank. doi: 10. 1596/978 - 0 - 8213 - 6792 - 6.

N'tchougan-Sonou, C. (2001). Automatic promotion or large-scale repetition: Which path to quality? *International Journal of Educational Development*, 21(2), 149 - 162. doi: 10. 1016/S0738 - 0593(00)00016 - X.

OECD [Organisation for Economic Co-operation and Development] (2014). *PISA 2012 results in focus: What 15-year-olds know and what they can do with what they know.* Paris: PISA, OECD. https://www. oecd. org/pisa/keyfindings/pisa-2012-results-overview. pdf.

Pratham [Pratham Education Foundation] (2013). The national picture. New Delhi: ASER Centre. http://img. asercentre. org/docs/Publications /ASER%20Reports/ASER _ 2013/ ASER2013_report%20sections/thenationalpicture. pdf.

South Africa Ministerial Committee (South Africa Ministerial Committee on Learner Retention in the South African Schooling System) (2008). *No title.* Pretoria: Department of Education.

Statistics South Africa (2003). *General household survey 2003.* Database.

Uganda Ministry of Education (2011). *Uganda education statistical abstract 2011.* Kampala: Ministry of Education. http://www. education. go. ug/files/downloads/Education% 20Abstract% 202011. pdf.

UNESCO (2014). *Teaching and learning: Achieving quality for all.* Education for All Global Monitoring Report. Paris: UNESCO. http://www. uis. unesco. org/Library/Documents/gmr-2013-14-teaching-and-learning-education-for-all-2014-en. pdf.

UNESCO (2015). *Education for all 2000 - 2015: Achievements and challenges.* Education for All Global Monitoring Report. Paris: UNESCO. http://unesdoc. unesco. org/images/0023/ 002322/232205e. pdf.

Uwezo (n. d.). *Uwezo East Africa 2012 report findings.* http://www. uwezo. net/uwezo-east-africa-2012-report-findings.

Uwezo and Hivos/Twaweza, East Africa (2012). *Are our children learning? Literacy and numeracy across East Africa.* Nairobi: Uwezo East Africa at Twaweza. http://www. uwezo. net/wp-content/uploads/2012/09/RO_2012_UwezoEastAfricaReport. pdf.

Pratham (2014). *Annual status of education report 2013, rural. Provisional report.* New Delhi: ASER Centre. http://img. asercentre. org/docs/Publications/ASER%20Reports/ASER_2013/ ASER2013_reports%20sections/aser2013fullreportenglish. pdf.

Pritchett, L. (2001). Where has all the education gone? *The World Bank Economic Review*, 15(3), 367 - 391. doi: 10. 1093/wber/15. 3. 367.

Pritchett, L. (2013). *The rebirth of education: Schooling ain't learning. Washington*, DC: CGD Books.

Rao, N. , Sun, J. , Wong, J. M. S. , Weekes, B. , Ip, P. , Shaeffer, S. , et al. (2014). *Early childhood development and cognitive development in developing countries: A rigorous literature review.* Hong Kong: Department for International Development.

Schiefelbein, E. , & Wolff, L. (1993). *Repetition and inadequate achievement in primary schools in Latin America: Magnitudes, causes, relationships and strategies.* Santiago, Chile: UNESCO Bulletin of the Principal Project in Education.

South Africa Department of Education (2005). *Education statistics in South Africa at a glance in 2003.* http://www. dhet. gov. za/DHET%20Statistics%20Publication/DoE%20Stats%20at% 20a%20Glance%202003. pdf.

Uwezo and Hivos/Twaweza, East Africa (2013). *Are our children learning? Literacy and numeracy across East Africa.* Nairobi: Uwezo East Africa at Twaweza. http://www. uwezo. net/wp-content/uploads/2012/08/2013-Annual-Report-Final-Web-version. pdf.

Uwezo and Hivos/Twaweza, East Africa (n. d.). *Are our children learning? Literacy and numeracy across East Africa 2013*. Nairobi: Uwezo East Africa at Twaweza. http://www. uwezo. net/wp-content/uploads/2012/08/2013-Uwezo-East-Africa-Report-Summary. pdf.

What Works Clearinghouse (2015). *Procedures and standards handbook, version 3. 0*. Washington, DC: Institute of Education Sciences, US Department of Education. http://ies. ed. gov/ncee/wwc/Docs/referenceresources/wwc_procedures_v3_0_standards_handbook. pdf.

Yoshikawa, H. , & Kabay, S. (2015). *The evidence base on early childhood care and education in global contexts*. Background paper for UNESCO 2015 Education for All Global Monitoring Report. New York: UNESCO. http://unesdoc. unesco. org/images/0023/002324/232456e. pdf.

Young, M. E. (2014). *Addressing and mitigating vulnerability across the life cycle: The case for investing in early childhood*. UNDP Human Development Office Occasional Paper. New York, NY: UNDP.

埃及阅读教学改革：小学二年级教材能否反映教改新方向

海伦·N·博伊尔*　　威尔·萨拉*

在线出版时间：2018 年 3 月 19 日
ⓒ联合国教科文组织　国际教育局 2018 年

摘　要　由于说阿拉伯语的国家在小学低年级阅读测试(EGRA)和国际阅读通识能力研究进展测试(PIRLS)中成绩欠佳,因此这些阿拉伯语国家已经开始审视,并且其中-些也已开始着手改革本国小学低年级阅读教学方法。作为首批投身这种改革的国家之一,埃及在 2010 年发起了小学低年级阅读改革。本文呈现的是对埃及开展的一次独立个案分析,以此来审视小学二年级使用的阿拉伯语教材是否能支持其改革目标的实现。本文的数据收集方式是对该教材进行细致的内容分析,并在对数据进行编码时使用了一种"最佳教学实践"框架。尽管被调研的教材拥有若干优点,但它与当下的阿拉伯语阅读科研成果并不总能保持一致。笔者认为温和的教材改革或许是提升埃及和整个阿拉伯语地区阅读教学最简便且最快捷的方式,其中一部分原因是教师在设计课堂授课结构时非常依赖教材,另一个原因是教材能为广大师生所轻易获取。

---

* 原文语言：英语

海伦·N·博伊尔(美国)

　　佛罗里达州立大学副教授,同时供职于该校学习体系研究所和教育学院。在就职于佛罗里达州立大学之前,博伊尔教授的工作和研究领域是小学低年级阅读项目的国际发展教育以及西非和中东地区的教师培训项目。多年来,她致力于对阿拉伯语世界开展科研工作,并且已出版过一本关于伊斯兰学校的学术专著。

　　通信地址：Learning Systems Institute and College of Education, Florida State University, 4600 University Ctr, Tallahassee, FL 32306, USA

　　电子信箱：hboyle@fsu.edu

威尔·萨拉(埃及)

　　上埃及米尼亚大学教育学院教学大纲和教学法系阿拉伯语教学方向副教授。他有着非常丰富的工作和科研经验,同时也是一名技术专家。他的研究方向主要有教育学以及埃及和阿拉伯语地区小学低年级阅读教学项目。

　　通信地址：Department of Curriculum and Methodology, Faculty of Education, Minia University, Main Road-Shalaby Land-Menia, Minya 11432, Egypt

关键词　埃及　阅读　通识教育　教材　阿拉伯语　中东地区

　　阅读能力对学生的学习、学业成就、在校学习进展和学习动机究竟会产生怎样的影响,学术界就此早已有明确定论(例如,Gove and Cvelich 2011)。然而,说阿拉伯语的国家依然在阅读教学领域举步维艰。其中,埃及是阿拉伯语国家中最早一批(2009)决定使用小学低年级阅读测试(EGRA)来考察本国儿童阅读水平的国家之一,其测试结果令人既吃惊又失望。小学低年级阅读测试(EGRA)是一种"对小学低年级通识能力习得所必需的最基本的基础技能进行独立施测的口头测试"(EI Briefing Note 2015),该测试为广大发展中国家所频繁使用。2009 年,该测试的一个子项目在埃及获得了首次施测:即"改善女生学习结果(GILO)"项目——该项目获得了美国国际发展署(USAID)从 2008 到 2011 年的资助——施测对象为埃及四个省(米尼亚省、贝尼苏韦夫省、法尤姆省和基纳省)的干预组和控制组学校的小学二年级和三年级学生。接下来,该项目为干预组学校提供了为期六个月的技术支持,主要负责为这些干预组学校的教师提供语音教学上的培训,并指导他们使用该项目所提供的支持性学习材料。施测方在 2011 年 4 月、5 月期间对同一批学校再次施测了小学低年级阅读测试(EGRA)(RTI International 2012)。

　　测试结果表明,二年级和三年级的小学生在完成基本阅读任务时都遇到了困难(RTI International 2012)。此外,稍后在伊拉克、约旦、摩洛哥和也门施测的小学低年级阅读测试表明这些国家的儿童也未能习得足够的阅读能力来支撑他们学习课程大纲中规定的其他课程(Brombacher et al. 2012a,b;Collins and Messaoud-Galusi 2012;Messaoud-Galusi et al. 2012)。事实上,缺乏基础的学习能力——尤其是阅读能力——会使人更难获得进一步受教育、受培训和获得一份工作的机遇。这一点对年轻人而言尤为如此,并且会让他们变得失望和冷漠。早在 2005 年,联合国所发表的"世界青年报告"中就曾经指出:

　　　　尽管在整体上取得了长足的进步,但全球依然有 1.13 亿小学年龄段的儿童处于失学状态(联合国教科文组织/统计研究所,2000)。这些儿童将会成为下一代的文盲青年,并在成人后以及进入职场时取代当下估值为 1.3 亿的文盲青年——这一人群早已处于一种严重的弱势地位(联合国 2005,p. 13)。

　　11 年后,世界银行在提及埃及时,也表达了相同的担忧之情(Dietrich et al. 2016;Ghafar 2016)。

　　自 2010 年以来,埃及采取了一种非常积极的主动出击姿态去应对该国学生阅读能力屡弱的问题。其他一些国家,比如约旦、摩洛哥和也门,也随之跟进。该地区的一些国家政府以及捐赠者投入了大量的金钱,兴办教师在职培训、教师辅导以及教学督导等各种项目。尽管教师培训和教学督导是非常重要的——其发挥的关键作用毋庸置疑——尤其是对埃及和阿拉伯语地区国家而言；然而教材和配套的教师用书往往为课堂上所授课程提供了教学框架和教学内容，尤其是当负责教学的是未受培训或培训不足的合同工教师时。（合同工教师的薪资水平低于拥有"永久雇员"身份的教师。合同工教师往往仅受过非常少的培训，甚至从未接受过任何教师培训；而且因为缺乏永久编制并且薪酬水平非常低，他们往往缺乏教学动机和热情。）如上所述，教材和教师用书是阅读教学过程中非常关键的输入材料，对教师和课堂授课都有非常大的影响。此外，在说阿拉伯语的地区，除也门以外，教材是绝大多数学生群体最容易获得的，很多时候也是他们唯一拥有的阅读材料（Boyle et al. 2014；Brombacher et al. 2012a；b；Collins and Messaoud-Galusi 2012；Messaoud-Galusi et al. 2012）。

因此，本文呈现的研究结果来自一次在2011年开展的深入式个案分析，调研的是埃及小学二年级阿拉伯语教材，探究的是如何在小学低年级阅读教学中实现最佳教学实践。笔者运用了小学低年级教材的数据，这些数据采集自"改善女生学习结果（GILO）"项目，笔者将这些数据用于分析小学二年级教材是以何种方式支撑或阻碍埃及为阅读教学改革所做的努力的。（本文的第二作者威尔·萨拉供职于"改善女生学习结果（GILO）"团队，负责对小学一到四年级的教材进行教材分析。GILO项目得出的研究报告《小学低年级阅读教材分析报告》中详细记录了这次研究的全过程；详情请参见RTI 2012。）笔者审读和分析的是小学二年级的教材和配套的教师用书，以期能调查小学低年级阅读教学中的最佳教学实践形式——这种做法符合在美国出版的《国家阅读小组报告》（NRP 2000），《小学低年级读写通识能力全景报告》（2016），《小学低年级阿拉伯语阅读教学中的话题分析》（2014）中的相关描述。上述这些报告总结了当下在发展中国家情境下和在阿拉伯语地区培养小学低年级读写通识技能的相关研究发现和证据。

笔者将着重关注小学二年级，因为这是儿童发展阅读技能的关键年级，并且在埃及，绝大多数的词句阅读教学都集中在这一年级。鉴于在中东和北非的绝大多数阿拉伯语国家都在教材和其他书面材料中使用现代标准阿拉伯语（MSA），本文的研究发现对埃及以外的其他阿拉伯语国家也在一定程度上能够适用。事实上，这些国家和埃及在阅读教学上存在着相当多的相似点：首先，他们在过去都选用了相似的传统阅读教学方式（整体语言教学法/整词阅读法），然后，当下在他们正努力尝试开展的教学改革中也引入了相同的新教学模式（基于语音学的自然拼读法）。由于国民的读写通识能力对一个国家的发展起到了非常重要的作用，埃及教学改革所获得的经验和教训也会对该地区其他国家产生影响。最后，埃及一直以来确实对整个阿拉伯语地区兴办公共教育体系从一开始就发挥了非常强大的影响力：其他阿拉伯语国家，比如也门，在建立起自身的公共教育体系之前用的就是埃及的教材（Fernea 1995），并且埃及现在依然在向其他国家派驻数以千计的教师去支持其他阿拉伯语国家的教学(Cochran 2008)。尽管在过去十年间,埃及作为地区教育领袖的地位可能正在逐渐消失,但在阅读教学这一方面,埃及依然在该地区发挥着其自身的影响力。

在本文接下来的部分,笔者首先将概要简述早期读写通识教育和阿拉伯语阅读教学中最为关键的,基于科研证据的要点,然后简要讨论埃及的课堂教学这一议题,描述本次科研中使用的分析方法和框架,最后呈现本文的研究发现,给出推荐建议和一些总结性的想法。

限定讨论背景情境:埃及的阿拉伯语阅读教学

埃及拥有9 700万人口(联合国2017;埃及独立调查2017),并且在国家发展上依然面临诸多挑战,因此埃及寄希望于本国教育体系能够帮助催化经济发展,并为保持国家稳定和消除贫困作出应有贡献。如果埃及儿童在小学毕业后依然没有理解基础文本所需的阅读能力,那么埃及的国家发展、团结稳定以及人民经济生活水平的提升等诸多方面都将受到极大掣肘。鉴于埃及在整个阿拉伯语地区所享有的影响力和地位,埃及阅读教育的失败可能会对整个地区产生负面影响。

作为对该国学生在小学低年级阅读测试(EGRA)中成绩不佳的回应,埃及政府采取了一种主动出击的态度来对待阅读改革(Abouserie 2010),并且成立了由埃及教育部(MOE)牵头的小学低年级读写能力工作小组(RTI International 2012)。其中,在改进阅读教学策略和教学材料方面所做的绝大多数试点性工作是在由美国国际开发署(USAID)所资助的"改善女生学习结果(GILO)"项目的框架中开展的,该项目的运营从2008年一直持续到2011年,并且得到了来自埃及教育部的合作和支持。"改善女生学习结果(GILO)"项目在很大程度上依赖美国的"国家阅读小组"(NRP 2000)所做的科研调查和研究发现,并从中总结和强调了那些有助于获得阅读学习成功的教学方法和教学实践。"改善女生学习结果(GILO)"项目和埃及教育部所共同作出的努力帮助埃及儿童在接下来2011年施测的小学低年级阅读测试(EGRA)中取得了一些显著的进步(RTI International 2012)。此后,在由埃及教育部牵头的小学低年级阅读教学项目(EGRP)的带领下,埃及致力于培养和夯实埃及教育部的内部实力,并以此为起点,把试点中所收获的成功经验推广到埃及的23个省(Neilsen 2013)。这其中包括:进一步强化和巩固教学资源的分发和监管体系,尤其是在教师辅导方面;对在职教师进行培训和再培训,从而帮助他们提升具体阅读技能的教学,尤其是阿拉伯语的读音,而这恰恰是"改善女生学习结果(GILO)"项目的关键聚焦点之一,也是该项目能够获得成功的测试结果的原因之一(Neilsen 2013)。

以"改善女生学习结果(GILO)"项目和埃及教育部自身所做的科研成果为基础,埃及的政策制定者认可并支持由美国国家阅读小组(NRP 2000)所提出的一种理念:即提升阅读水平的关键是"五种能力"(Abouserie 2010)。这五种能力分别是:

音素意识、词汇、字母拼写（拼读）、阅读流畅度和阅读理解。（有些学者对此提出批评，认为如果采纳了美国国家阅读小组的研究报告及其提出的五个领域，这种做法显得太过于以英语为中心，而且无法充分运用到像阿拉伯语这样的其他语系中的语言中去（Abadzi 2017；Saiegh Haddad and Joshi 2014；Share 2008）。笔者将在本文后续部分，即在讨论阿拉伯语的那个章节中，对这种批评作出回应。为"改善女生学习结果（GILO）"项目所做的教学干预提供理论支持的是美国国家阅读小组开展的针对英语阅读的相关科研成果。但在对阿拉伯语阅读进行调研后，研究的发现和结论能够支持上述五种能力的重要性对阿拉伯语阅读依然有效（Abu-Rabia 1995，2001；Abu-Rabia et al. 2003；Halebah 2013；Mahfoudhi et al. 2010；Taibah and Haynes 2011；Taouka and Coltheart 2004），本文将在下文中对这些研究进行简要总结。

对阿拉伯语进行分析

阿拉伯语研究学者指出，阿拉伯语中存在一些专属的语言现象，比如双言（*diglossia*）和元音标注（*vocalization*），因此在讨论阅读教学时，必须把这些专属因素也考虑在内。

像阿拉伯语这样拥有双言现象的语言，往往同时存在着一个"高变体"形式和一个"低变体"形式，并且两者在形式上存在很大差异。"低变体"是一种方言，主要用于口头交流以及在非正式场合中的交流。而语言中的"高变体"则用于正式发言和书面交流中。阿拉伯语中的高变体（被称为现代标准阿拉伯语［MSA］）是在学校中正式使用的并且用于教学的语言。低变体则用于日常交流。因此，小学二年级儿童在学校里所学到的语言，事实上对他们中的绝大多数而言，是一种新的语言（即现代标准阿拉伯语），并且与他们日常所说的语言有所不同。此外，所有书面材料都是用现代标准阿拉伯语写就的。同样，运用短元音标记符号，或称为变音符号（这种语言现象被称为"元音标注"），也是在培养阿拉伯语阅读技能时必须考虑的另一个特殊因素。通过使用变音符号标记，能够标示出与每一个辅音音素相伴的究竟是哪一个短元音音素（a，e 或 o）（长元音则会由具体的字母来标示）。儿童在一开始学阅读时是有变音符号标记帮助的，但当他们一旦到了小学高年级，就必须学会适应在没有变音符号标记帮助的前提下，依旧可以进行阅读。（对元音标注和双言现象的进一步讨论，请参见：Abu-Rabia 1997a，b，2001，2007；Dakwar 2005；El-Hassan 1977；Fedda and Oweini 2012；Ibrahim 2011a，b；Ibrahim and Aharon-Peretz 2005；Khamis-Dakwar et al. 2012；Mahfoudhi et al. 2011；Saiegh-Haddad 2003a，b，2004，2005；Saiegh-Haddad et al. 2011。）在埃及，小学六年级之后的教材和阅读材料中就将移除这些注音符号。总体上而言，阿拉伯语书面材料——例如书籍、报纸和杂志——中在书写阿拉伯语时都不带上变音符号，这就是为什么埃及儿童必须学会不靠变音符号依然能够阅读的原因。

此外，过去 20 多年来对阿拉伯语阅读教学所开展的科研非常清晰地指出了语音意识（包括音素意识和拼读）、语素意识、运用上下文语境线索的能力这三个因素的重要性，这三个因素对现代标准阿拉伯语阅读学习产生了最大的积极影响（Abu-Rabia 1997a，b，2001，2007，2012；Abu-Rabia et al. 2003；Halebah 2013；Saiegh-Haddad and Geva 2008）。

对埃及（和其他阿拉伯语国家）课堂教学的分析

纵观使用阿拉伯语的各国，他们对小学低年级，最常用的是以下两种教学方法：一是整词识别，也被称为"拼写法"；二是逐渐兴起的"自然拼读法（*tariqa sawtiya*）"（Boyle et al. 2014）。根据在埃及和阿拉伯语地区国家（伊拉克、约旦、摩洛哥和也门）开展的诸多科研和消息来源表明，第一种方法的使用频率远高于第二种方法（Brombacher et al. 2012a；b；Collins and Messaoud-Galusi 2012；Gavin 2013；Messaoud-Galusi et al. 2012；RTI International 2012）。2010 年，埃及教育部在由美国国际开发署于华盛顿特区举办的全球儿童阅读大会上所做的演讲表明：在埃及，对字母读音的教学依然不够显性，最常得到教学的是字母的名称和音节，但有时会漏掉对每一个个体字母所发读音的教学（Abouserie 2010）。此外，在埃及，阅读并不是一种独立的教学主题，也未得到充分认真的对待，而是被整合进埃及的阿拉伯语总教学大纲中（Boyle et al. 2014）。最后，埃及依然努力想要为特定的年龄段和特定的阅读技能编写和提供既合适又经过分级的故事书和小学阅读读物。"改善女生学习结果（GILO）"项目和小学低年级阅读教学项目（EGRP）开发和影印了相关材料，但从总体上看，埃及（以及伊拉克、约旦、摩洛哥和也门）并未向小学生提供教材以外的其他阅读材料，这就使得教材在阅读学习中变得愈发重要。

对小学二年级教材进行分析

为分析构建框架

在本次科研中，笔者将使用系统化的内容分析法去记录各种子要素的出现频次，并将这些元素列举在表 1 中，以此来反映小学二年级教材和教师用书中所出现的上文提及的五要素中的四个。（需要指出的是，由于教材本身并不教授语言流畅性，因此笔者无法将其作为教材分析中的一种评估工具。但这件事本身是存在问题的，因为儿童需要通过阅读练习来培养自身对单词和字母组合的自动识别能力，而学校往往不会专门划拨出练习时间来帮助儿童培养那些能助其发展出流畅阅读能力的子技能。）

　　参与调查的研究施测人员全部都是埃及教育学院的教职员工，其中有些就供职于"改善女生学习结果（GILO）"项目，另外一些人则为其担当顾问。本文的第二作者是埃及教育部相关部门所派驻的工作小组组长，他负责设计本文所用到的数据收集工具，并培训施测人员，教他们如何使用这种工具。五位接受了培训的施测人员分别使用五种工具（每人负责调查上文提及的五种组成元素中的一种）去分析小学二年级阿拉伯语教材中的内容和特征，该教材名为《让我们来交流吧》（埃及课程与教学材料发展中心 2011）(هيا نتواصل)，并由埃及教育部下辖的出版技术中心发行出版。该教材最近一次修订于 2011 年，笔者在接下来的分析和讨论中所指涉的就是2011 年版的该教材。表 1 中所列举的各个"子要素"为预设项；此外，还增补了在对教材中的课文进行文本分析过程中涌现出的新的子项。

　　埃及小学生拥有两本二年级阿拉伯语学生用书——其中一本用于小学二年级第一学期，另一本用于第二学期。教师每个学期都能收到相应的教师用书。每本学生用书由三个单元组成；每个单元需要 4—5 个教学周的时间来完成教学任务，并且可以进一步细分为若干课时的课程。每一课时的课程往往由几个活动组成，这些活动就是教师所教内容的核心所在，因为这些活动决定了教师的讲授模式和授课内容。本文的研究分析将聚焦于具体的课堂教学和活动中与小学低年级阅读教学相关的内容。

表 1　2011 版教材修订内容中包含的组成元素

组成元素	每种组成元素中所包含的子要素
音素意识	在多大程度上存在多样化的基于口语和语音的活动 音韵相关的教学活动的难度水平
字母读音（自然拼读）	在多大程度上包含了口语活动 对自然拼读出单词和音节、字母替换以及其他形式的字母读音操纵练习的强调程度 是否坚持使用对已掌握的单词（词汇） 在教学中提及变音符号并对其进行练习
单词	抽象词对比实意词的数量对比 含有低变体音节的单词与含有高变体音节的单词之间的数量对比 词汇教学中教学活动的持续性和一致性，这些活动包括：复习之前几次课提及的单词，呈现和教授新的合适的词汇，在教学中引入词义教学 始终坚持先为学生示范该如何朗读和使用生词，然后再要求学生朗读包含这些生词的课文
理解	是否有教授阅读理解的显性策略，包括：依赖上下文线索猜测生词词义，辨识出中心思想、主旨句和子观点，推断等策略 涵盖并使用多种类型的提问，以此评估学生的阅读理解
教材特征	课文中运用说明型和阐述型文体 每篇阅读课文中所包含的句子数量 每一页教材中所包含的文本量 名词句和动词句的数量 教材中存在着对特定语言学特征的解释 教材的艺术品位和印刷质量

研究分析和研究发现

在阅读教学的主要元素中经常包括以下两种反复出现的教学活动："把这个词加入你的词典"和"写出这个单词"。尽管这些活动明显与单词和拼写相关，但其中也蕴含了其他读写通识技能领域；同样，很多这种活动都是以课文中所包含的文本为基础的。接下来笔者将给出本文的研究发现，然后讨论其意义并且给出一些推荐和建议。

语音意识

"语音意识"指的是个体对语言发音的意识，其中包括以下知识：认识到句子由单词组成，单词由音节组成，音节由个体音素组成。同时也包括意识到语音是可以被命名和操控的。与之相关的子技能还包括：识别音韵和韵脚，能够听辨和朗读音素片段，能够把单词切分为其组成的发音，能够对音素进行组合去形成一个完整单词或读音游戏的发音。

在本文所调研的小学二年级教材中，对语音意识的强调既不强烈也没有贯彻始终，尤其是在辨认单词中的个体音素这个方面。该教材把对音素意识的教学仅仅局限于以下这一系列活动中：即只培养一种音韵意识子技能——辨识韵脚和音韵。由于阿拉伯语和英语的押韵方式并不相同，因此学界也有争论(Saiegh-Haddad and Joshi 2014；Share 2008)这种练习是否具备有效性。然而，模式辨识在阿拉伯语中是非常重要的(Abadzi 2017；Abu-Rabia 2002，2012)，如果这些教学活动能够充分把握住这一教学机遇，则将为助益模式辨识做出潜在的贡献。教材中设计的练习要求学生写出拥有相同韵脚的单词；然而这些练习中并不包括读音游戏、在听音和朗诵中对组成单词的读音进行辨识或读音切分和组合练习。教学把重点放在书写上，而非听辨、识别以及区分不同音素上，更不用提读音模式。事实上，该教材所包含的7种练习主要强调的是教授如何书写那些与所给定单词含有相同韵脚的其他单词，第一学期要求写出三个同韵脚词，而第二学期要求写四个。此外，"把这个词加入你的词典"和"书写这个单词"这两种活动常常很难区分彼此，因为两者的着眼点都在于辨认韵脚和书写，而非着重操练其他阅读技巧。

此外，当教材中出现一系列有着相同的结尾音素的成对词时——例如，(فريق – طريق)، (قذارة – حضارة)، (صغير – كبير)، (كثير – وفير)، (عصير – أسير)، (أصحاب –) (أحباب)، (جرس – فرس)، fars-jars, asahaab-ahbaab, ‘asiir-asiir, katiir-fir, saghiir-kabiir, qathaarat-hadhaarat, 和 fariiq-tariiq——教师用书上往往并未设计相应的教学步骤来帮助教师在教学中关注押韵和韵律。另外，在这种押韵教学活动中所引出的生词，其难度程度各不相同。例如，在小学二年级这一阶段，学生难以找到另一个词与 ma'yin nakudi(معين-نقودي)押韵，原因是那些能与之押韵的单词都是阿拉伯语中非常难的词,同时也因为这个年级学生所掌握的现代标准阿拉伯语词汇量尚未得到充分发展。因此笔者认为更值得在这一阶段推广的音素意识(韵脚和音韵)教学活动则应当通过一些短小的音素片段,比如 zara'a,wazin,hasad,rabat(ربط – حصد – وزن – زرع)来开展教学,这些片段在阿拉伯语中更容易实现押韵,与此同时教师也可以使用"把这个词加入你的词典"这一活动来引出或巩固那些适合该年级水平的现代标准阿拉伯语生词。

此外,那些聚焦于音素意识的教学活动所包含的单词中的绝大多数往往有着相似的词尾。与之相反的是,这种教学活动中并不包括那些词首相似的单词,唯一的例外是'asoor 和'asfoor(عصفور عصور)。鉴于读音模式在阿拉伯语中发挥了非常重要的作用,该教材在此处失去了一次让学生以口语形式来巩固模式辨识的教学机会。例如,以读音/mu/开头的单词往往用来指人:例如,教师(mu'alim)、主任(mudir);而以读音/ma/开头的单词往往用来指地点:例如,学校(madrasa)、餐厅(mata'am)。但教师用书并未指导教师去显性地向学生强调这些模式。最后,事实上还有更多别的词适合用于在小学二年级教材中教授韵脚和音韵(Ashab-Ahbab,Garas-faras)(وفرس ، جرس – والأحباب ، الأصحاب),但该教材并未把握住这种机遇,未能将这些词运用到对音素意识的教学中去,即使这些词适用于该年级,也能帮助学生巩固单词的辨认。

总体上而言,该教材并未超出音素意识中的第一层次,这一点表现在该教材并未包括对音素进行组合,对单词的读音进行切分,或使用音素片段。该教材并未包含以下这些教学过程:重视并聚焦于口头活动,以及儿童应当操练的辨音活动,这种活动有助于培养他们的(现代标准阿拉伯语)口语意识。此外,该教材也未包含任何后续教学活动来巩固前文提及的任何一种技能。过去超过 20 年的科研成果表明:儿童如果能在早期就接触到口语形式的现代标准阿拉伯语,则能对他们的阅读能力产生积极影响(Feitelson et al. 1993;Iraqi 1990;Levin et al. 2008;Zuzovsky 2010)。这就进一步强调了教材亟需包括口头活动和听力活动,因为小学二年级学生对现代标准阿拉伯语词汇依然感到非常陌生。

拼读法（字母拼读的原理）

教授字母拼读的原理旨在帮助学生把书面符号与口语中所听到的语音之间建立联系。字母拼读原理中包含若干子层次,它们分别是:语音/书面符号之间的正确联系、学会念出字母的名称、念出生词、朗读出已学过的词(阅读初期的常用高频词)。自然拼读法并未在该教材中得到系统教学。在小学二年级第一学期第一单元中,学生并未被要求以系统化的方式来复习字母的名称和发音。如果教师想要教授读音/书写符号之间的关联,主要方式是通过给学生布置书写字母这种练习形式,但教师并未能布置与自然拼读法有关的必要口头练习。课程大纲也没有布置任何练习活动去复习或教学生怎样才能把字母读音组合起来去构成整个单词的读音。

短元音标记符号对阅读初学者而言是至关重要的，并且对有阅读困难的学生来说是一种辅助学习手段（Abu-Rabia 1997a, b, 2001, 2002；Abu-Rabia and Siegel 1995；Taouka and Coltheart 2004）。在小学低年级，短元音标记符号能使阿拉伯语正字法变得更透明，因为并不存在任何不发音的字母或同形异义词来让读者感到困惑。小学二年级教材中通常包括了变音标记符号。而学生在小学一年级时确实有学过短元音标记符号的名称——*fataha*, *damma* 和 *kasra*——以及这些符号所代表的读音；同时他们也学习了长元音，比如 *ali fmada*（在单词词首的一个发 *a* 读音的长元音）。而小学二年级教材需要对学生在一年级特定的、刻意设计的阅读活动中所学到的这种知识进行补充和巩固。然而本次调研的小学二年级教材中并未包含任何教学活动去操练或应用这些变音符号，尽管如果能设计相应活动，则将有助于培养学生快速朗读短句甚至课文中所含生词的阅读能力。

最后，小学二年级教材中的很多生词对学生而言既陌生又很难整合进自然拼读法的系统教学中去。该教材的课文确实开始努力重视韵脚，以及用一个字母去替换另一个字母等教学活动，但这种教学活动的编排在该教材中既无规律也不成体系。这些技能亟需在小学二年级中得到强化，以便能帮助学生开始阅读单词和句子。诚然，抄写能作为一种支持性教学活动，来帮助儿童理解单词是怎样构成的，但不应将其作为口头活动的替代，尤其是在学习如何念出单词时。另一个与之相关的问题是，教材中缺乏与流利度相关的教学安排。教材应当培养学生养成对常见词的自动辨认能力，这就要求教材能让学生在课文、课堂教学，以及在完成"单词操练"类型的课堂活动中有机会看到读到这些常用词，这种课堂活动包括用一个字母去替换另一个字母，以及对字母和字母读音进行操练，等等。如果教材和课堂教学中并没有给这种基础解码练习预留出时间，则将无法培养学生养成阅读理解所需的阅读速度。

词汇量

"词汇量"指的是为了能顺畅地掌握日常交流所需的所有单词。学术界正愈发认识到词汇量对小学低年级阅读习得所发挥的关键作用（Murnane et al. 2012）。埃及在这方面面对的一大挑战是学生必须扩充自己在现代标准阿拉伯语中的词汇量，这就需要用到埃及方言中并不常用的那些发音。此外，现有教材所教的词汇量显得量少质劣，而且现有教材所挑选的词汇难度层次往往不适合学生当下的词汇发展需求。

现有教材做到了向学生呈现生词，但并不会根据学生的水平来针对性地给出合适的生词。值得专门指出的一点是，现教材给出的生词中有超过一半是抽象词。教材在小学二年级整个学年中呈现了 678 个生词。第一学期的各单元中包括了 314 个生词,其中有 136 个(占 43％)生词谈论的是一些抽象概念,比如失败 أخفــق、独处 和责任،شدة المرض ، ورجاء، و الخير و الجميل،و محاولات و متفردًا مسئولية(占 57％),比如食物、电视、医生和包。第二学期各单元的教学活动中包括了 165 个抽象词(占 45％)和 199 个实义词(占 55％)。此外,教材前几单元——而非教材末尾单元——中出现了大量的抽象词。例如,第一学期第一单元中就出现了 52 个抽象词;第二学期第一单元中出现了 46 个抽象词。阅读教学领域的研究者(Sadoski 2005；Schwanenfugel et al. 2016；Walker and Hulme 1999)认为,如果想要培养词汇学习能力,则需要在早期就把这种需求与实义词的学习相关联,这样能让学生接触到的生词可以用于表达那些他们通过五种感官辨认出的事物。同样,课文插图能够帮助小学生学习单词,并且在教授抽象词时也非常有用。但笔者所调查的这本小学二年级教材中几乎没有用任何插图来标示教材中出现的抽象词,现有的插图也非常难懂,难以让学生联想到其对应的抽象概念。

即使是在第一学期,该课本就介绍了 193 个拥有三音节的单词,占呈现给学生总词汇量的 59％;双音节的单词有 75 个(占总量的 23％),而只有 57 个单词是单音节词(占 28％)。在第二学期的课本中,353 个单词拥有三个或以上音节,占总词汇量的 43％。270 个单词是双音节词(占 33％),有 57 个单音节词(占 24％)。另外调查结果表明,不同单元之间在给出多音节单词时,并不存在循序渐进。以往的科研表明,对阅读初学者而言,最好一开始能使用音节更少的单词,然后逐渐向更长的多音节词过渡(Muter et al. 2004；Sadoski 2005；Schwanenfugel et al. 2016；Walker and Hulme 1999)。笔者期望在今后的修订中,该教材能在第一学期收录更多的单音节和双音节单词,然后在第二学期逐步过渡到更长的单词。在这种教学情境下,尤为关键的另一点是与教材配套的现有教师用书中并没有提供任何词汇教学策略。

最后,教材中出现了过多的外来词,指的是阿拉伯语文化圈从外来语中借用并直接引入阿拉伯语的那些词,而且这些词往往不经任何翻译。小学二年级第一学期的单元中就包含了六个阿拉伯语化的单词,例如：电脑(al komputer)、电话(al teliyfon)、地铁(al metro)、音乐(al muzika)(الموسيقى المترو التليفون الكمبيوتر)。第二学期的教材中有 11 个阿拉伯语化的单词,其中包括：塑料(blastyk)、沙龙(al salown)、铝(al aluwminium)(الالومنيوم الصالون بلاستيك)。这些单词对小学二年级学生而言是一种重大挑战,因为这些单词的发音并不符合阿拉伯语的发音体系,它们的单词内部结构也不符合阿拉伯语单词结构(从词汇形态学的角度来看);而且其中一些单词也包含了很多音节。这些因素都让这些词很难被小学二年级学生读懂。

理解

阅读理解——指的是从(基础水平和深层次水平上的)文本中提炼意义——要

求人们在阅读过程中调用更高层次的思考技巧。在阿拉伯语中，读者必须同时应用词汇形态上的提示和上下文提示去理解生词和句子的含义；为了能读懂有些文本，读者也经常需要从上下文中对语义进行推测。阅读理解能力包括了一系列各种不同的、可被教学的策略：设置预期值、自我提问、做出预测和进行总结。

　　教师往往会要求学生背诵他们读过的课文。与背诵相关的教学活动（包括集体朗读、教师提问个别学生并得到其回答，等等）往往占据大量的授课时间，但并未能自始至终都要求学生去操练或应用一系列的交际技能。课文以及围绕课文开展的教学活动确实有试图努力去教会学生如何去分辨他们所听、所读和所见文章的中心思想和子观点。教师使用的教学策略包括要求儿童：运用上下文线索去猜测生词词义，预测故事接下来的环节中会发生什么，为缺少结尾的故事补出结尾，改写故事已有的结尾，为故事中乱序的各个事件重新进行正确排序，回答有关故事的直接提问，辨认故事中谁是好人谁是坏人，以及为故事选出最合适的标题。这些教学活动都在教师的指导下进行和开展。然而死记硬背占据了大量的教学时间，因此教师并不会对学生使用和应用这些策略进行巩固，也不会通过把这些技能设为课程目标来强调它们的重要性。课堂问答中所提的问题中鲜有针对句意推测或单词含义的。在有些情况下，一个单词在一个句子中的位置本身就是一种"线索"。阿拉伯语的语法是非常复杂的；在此笔者并非建议把所有的注意力都放在语法分析上，但笔者在这里想要强调的是，教师如果能在课堂教学中向学生明确地指出一些最为显眼的句法线索，则可帮助并促进学生更快地对语言符号进行解码，并获得更好的阅读理解效果。例如，在现代标准阿拉伯语中，很多句子以一个动词作为开头，这个动词会根据数、人称等条件发生词性上的变化，（我、你、他、她、我们、你们或者他们/她们［男性和/或女性]）；而作为独立词存在的代词往往会被省略。如果能教会学生去理解这些基本句法层面上的提示物和词汇的构词模式，他们的阅读理解将会变得更流畅。

　　此外，教师用书中鲜有以显性讲解方式来介绍如何教授阅读理解的相关教学策略，而且在课堂教学层面也并未强调策略的应用。教师用书中对与阅读理解能力相关的教学策略的介绍仅仅局限于设计一些讨论活动（运用预测性的提问、以正确的顺序来排列故事中所发生的各个事件、用上下文线索去猜测生词的词义）然后再向教师做出一定的解释。至于阅读的评估，教师用书所强调和推崇的评估策略是鼓励教师更多地使用单选题和以整个小组为单位的改错。当然教师用书中也提供了一些评估活动供教师使用，其中包括阅读理解问题以及与学生讨论这些问题的答案。然而，这些操练形式使这些教学任务更倾向于去评估学生的回忆能力，运用的评估方式是问学生一些简单直接的阅读理解题，而非要求学生进一步深入思考。

教材特征
笔者对这本小学二年级教材开展了一次语言学实证分析，以期能进一步深入了解该教材是以何种方式向儿童传输交流了哪些内容。这种分析将揭示教材中所使用的语言在多大程度上对小学二年级学生而言是合适的。最佳教学实践表明：难度水平适宜的教学内容将有助于培养学生对阿拉伯语词汇的模式意识，甚至是阿拉伯语词汇形态学的意识（Abu-Rabia 2002，2007；Abu-Rabia and Awwad 2004；Oweini and Hazoury 2010）。

首先，该教材在使用说明型和阐述型文体的文本时缺乏一种循序渐进式的编排体例。"说明型语言"指的是无论作者是谁，始终可以用真或伪来做出判断的话语。这种文体用于传递信息，例句如下："这本书是新的（الكتاب جديد）。""阐述型文体"往往包含一些比喻性的语言，并且用于表达一些更为抽象的意义（比如心理学、社会学和文化等方面的意义），用于抒情描绘或修辞等方面的写作目的，比如以下短语"神保佑你"（رحمك الله），也用于表达虚拟语气式的写作目的。相比更为直截了当的说明型文体，阐述型文体有着多种不同的形式，其中包括祈使句、疑问句、感叹句、禁止句和祷告句。总体上而言，在小学低年级的教材和读物中使用说明型文体对早期学习者的帮助更大。经调查发现，说明型文体的使用比阐述型文体在本教材中更为常见，尤其是在第一学期——尽管在第一学期，阐述型文体的使用量也在逐渐上升；然而在第二学期，阐述型文体的出现概率就急剧下跌。该教材的问题在于说明型文体和阐述型文体之间的体量和占比并未遵循任何逻辑排序方式，也未体现出循序渐进原则。在第一学期的课文中能找到的阐述型文体用语比第二学期更多，这与笔者的预期相反而且也不符合学生的语言发展方向。

就教材中所用到的阐述型文体而言，笔者就找到了613例祈使句、58例疑问句、30例感叹句、7例禁止句，但未找到任何祷告句。课文中很少有为否定句和虚拟语气文体给出例句，但在教学活动中会培训学生刻意且直接地去使用这两种文体形式。

第二，笔者发现课文中大量使用动词句而非名词句（动词句指的是以动词为句首单词的句子，而名词句指的是以名词为句首词的句子）。早先的研究者（Abdalla 2010；Al Tabal 2007；Youness 2001）通过研究发现，对低龄儿童而言，阿拉伯语中的名词句更简单，因为它们能更容易地被学生在阿拉伯语中进行"解包/解码"。与名词不同的是，动词往往会引导出与一个动作相关联的一种特定时间维度（时态）；并且动词同时也可能会承载着不同的语气，比如：指示、虚拟或祈使。因此，动词句往往要求读者/听众对位于句首的动词进行更多更复杂的解包，而这种解码任务对阅读初学者而言是非常困难的。在这本教材中，笔者还发现在一开始的几节课中就出现了带有从句的句子，而这进一步加大了句子难度并让学生陷入困惑。

第三，笔者在很多单元中都读到了非常长的课文文本，页面的排版方式造成了视觉上的拥挤感，这两个因素都降低了教材的可读性。拥有具备可读性文本（即包含了数量合适且难度适宜的单词）的句子能更好地帮助学生练习阅读，进而支持他们提升阅读流畅度。早先的研究（例如，Radwan 2008）证实：阿拉伯语句子长度是决定阅读材料难度水平的关键因素之一。从这个角度来说,笔者研究的这套小学二年级教材在这一点上做得非常好。在第一学期的课文中有 57% 的句子中包含 1—5 个单词。同样,在第二学期的课文中有 68% 的句子长度控制在 1—5 个单词。并且句中所包含的单词数量上存在着循序渐进的编排方式(即句子按单元先后顺序,其长度慢慢从短变长)。

　　然而,依然有以下因素使得阅读材料让学生在阅读感时到困难,其中包括:在一页上排版印刷了太多的文本,一句长句横跨到了下一页,文本拥挤,以及大量生词。笔者发现,第一学期第一单元每篇课文中的句子数量从 12 句到 14 句不等;第二单元中有一篇课文甚至多达 23 句;第三单元的句子数量又急剧下降,每篇课文中只包含了 6—10 个句子。第二学期的课文也反映出这种模式:其中,第一单元的句子数量高达每篇课文 19 句;第二单元也高达每篇课文 16 句;而第三单元的这个数字进一步上升到每篇课文 21 句。该教材并未对课文进行分层;因此课文呈现的先后顺序上并未体现出循序渐进。

　　第四,在该小学二年级教材课文中出现了种类多样的语言现象,而这对阅读产生了直接影响。例如,在教材中总计使用了 563 次 *shadda* 标记符号,1 291 次 *tanween* 标记符号。*shadda* 标记符号是放置在一个字母正上方的一个空心小圆圈符号,用于表示该字母读音应当进行加倍重读(即以更有力的方式来念出这个读音);*tanween* 标记符号用于表示在单词末尾双写短元音标记符号,这将在被重读后的短元音后加上一个 /n/ 的读音。教材中有 221 个单词词尾有开元音 *T*(*al taa al maftoha*);421 个单词词尾有闭元音 *T*(*al taa marbota*);67 个单词有 *hamza annabra*(一种写在字母上方的变音符号),该符号用于表示一个元音音素需要重读。另一个语音现象的标记符号在小学二年级教材中出现了 468 次,它是 *al alef al layena* 现象,写作 y(ى)但其发音是 /a/。最后,阿拉伯语字母表中可以细分为人们所说的"太阳"字母和"月亮"字母。如果一个单词以太阳字母开头,比如字母 *n* 或 *d*,那么在它之前的定冠词应该用 *al*,并且该定冠词中的 *l* 是不发音的,同时这个单词中的第一个辅音字母将会被双读/重读。例如,尼罗河这个单词的读音是 /an-nil/,因为 *n* 是一个太阳字母,尽管尼罗河这个单词的书写方式依然保留为 *Al nil*。因此,准确识别太阳字母和月亮字母对能否正确大声朗读是非常关键的,尤其在于能否对定冠词进行正确发音。太阳字母和月亮字母同时也影响一个人如何阅读和书写上文提及的 *al alef al layena* 现象。能否辨认出上述语音现象对培养阿拉伯语的音素意识、自然拼读法知识、拼写和字符解码以及加深对阿拉伯语词汇形态学的理解等多方面都极其关键。然而,本文调研的这本教材及其教师用书都没能强调或解释这些语音现象,两者也都未设计任何教学活动或安排具体课时来复习这些字母的读音方式。因此,如果在小学二年级既要求学生使用这些语言现象,但又不对其进行显性教学,最终只会加深教学材料在学生心目中的难度。

　　第五，该教材的印刷美观度不足、字体大小不当以及每页排版的单词数量太多，都对阅读初学者不友好。根据笔者的观察，每篇课文中用到的单词数量往往非常多，因此课本的每一页纸张上都堆满了单词。（请参见上文中对选词标准这一事宜的讨论；尽管列出生词并建立有效的词表是一种非常好的做法，但拥挤的页面和排版方式对阅读初学者而言只会帮倒忙，过度强调对课文的死记硬背会占据太多的教学时间，并致使无法留下足够的时间量来开展与生词的有效互动，以及对生词的解包/解码。）比如，第一学期那篇名为"我的朋友"صديقى(The Sadiqi)的课文中包含了90个单词。印着这篇课文的那一页纸上挤满了单词，并且使用了一种非常小的字号——这篇课文用的是14号简化后的阿拉伯字体——阅读这一页教学材料对正在学习阅读的小学低年级学生而言是一种巨大的挑战。

　　最后，每一课都配有一组与课文相关的图片。但却未设计任何教学活动去鼓励学生用自己的话来描述这些图片，也没有提供任何机会让学生操练以下这些技能：比如以图片为基础来预测故事的内容和主题——而这恰恰是培养阅读理解技能所需的一项重要学习策略。教材中给出的主要插画往往比次要插画更大，但很多插画（包括一些主要或次要插画）缺乏清晰的细节，因为它们往往是从另一些书籍中的图片复印而来。

研究结果讨论

　　在本次研究中，笔者揭示了一种小学二年级阿拉伯语教材中的一些关键且最终可得到订正的问题。这本教材未能系统地覆盖由美国国家阅读小组（2000）所提出的阅读五要素，这就意味着该教材从根本上来看，无法对儿童的阿拉伯语阅读学习方式相关的科研成果作出有效应答。一些像"改善女生学习结果（GILO）"这样的项目（以及在该地区开展的其他相似项目）使教育工作者愈发认识到了美国国家阅读小组的研究成果（2000）的意义和价值，并且正开始根据已有的来自阿拉伯语世界的科研成果的指导去开展相应的阅读教学改革；同时，使用美国国家阅读小组的上述研究发现来帮助本国开发有效的阅读教学项目。然而笔者认为学术界当下迫切需要对阿拉伯语阅读学习开展更多的研究，并以这种方式来应对 Share（2008）曾警告过的现有那种"以英语为中心的"科研结论。简而言之，各位教育家需要对美国国家阅读小组的科研成果进行修订，为特定类型的语言量身定制符合本国实际的改革方案，而非僵化地通盘只执行一种模式。

　　埃及的教材在教授阅读的五种组成元素对应的技能时，需要采取更直接、更系统化的教学方式。教材编写者需要思考并设计一系列有规律的教学步骤，例如：导入/教学准备、技能示范和知识点展示、在教师指导下开展学生实践、学生独立练习和实践，以及知识技能的应用。另一种可选的教学组织顺序被称为"3P 教学模型"

（讲解演示-操练实践-输出表现）或与之相似的"看我做、我们一起做、你来做"组织顺序。另一个可选的方案是强调三个 E（接触-引出-延伸），这种教学组织顺序的概述请参见《小学低年级读写通识能力全景报告》(Kim et al. 2017)。如果埃及的教材能够做出本段提及的这些教学顺序上的改变，那么配套的教师用书也应当以相同的方式来进行修订。

此外，笔者建议埃及的教育工作者重新考虑小学二年级教材背后的编写逻辑理念以及对所有阅读内容的排列顺序。从整体上来看，小学二年级教材中的单词和句子应当以从结构简单到复杂、内容容易到困难的顺序来进行重新排列。在本次科研调查的该教材中出现了多例难度倒挂的现象，比如第一单元往往比第三单元更难，又或出现了第一学期所覆盖的生词比第二学期更难的现象。

进而，光有教材本身并不意味着阅读材料的数量够充足，而且教材也没能给学生提供自己独立自学时练习阅读的机会。埃及教育部应当致力于向小学生提供适合他们年龄的补充读物和故事书。或者可以考虑开发和编写一套独立的教学活动练习册，其中可以包括词汇、阅读理解以及自然拼读法等练习。从 2005 年到 2008年，"国家读书计划"(NBP)向埃及所有公立学校分发了阿拉伯语的阅读书籍。当埃及的政策制定者为未来的全国图书分发制定计划时，他们可以参考"国家图书计划"中有关规划和评估方向的论文和报告；尽管很多教育工作者普遍认为上述计划并未取得成功，但他们都认为将来在制定和执行相似计划时可以从中汲取很多经验和教训。

教材编写者可能也需要把现有教材中那些非常冗长的阐述型文体的课文替换成更有趣的说明型文体的故事，甚至是诗歌（比如押韵的童谣），以更好地吸引该年龄段儿童的注意力和兴趣。教师用书应当强调不同类型阅读的重要性——包括大声朗读、配对朗诵以及默读——以此来帮助儿童提高阅读的流畅度。或许教材本身并不强调流畅度，但教材应该是操练实践的产物，因此教师在阅读课上必须留出充分的时间划拨给阅读流畅度练习。

最后，教材编写者应当补写出显性的学习期望成果，作为每个单元、每一课和每一项活动的学习目标。这将帮助教师更好地把自己的教学聚焦于阅读学习中的那些重点要素上，并帮助教师评估学生在每一项上所取得的进展程度。如果教师用书能够涵盖清晰合适的教学策略，让教师得以将这些策略运用在不同的内容领域中，如果教师用书能够包括本文前几段所描述的那些语言现象，那么它将让阅读教师获益匪浅。笔者在上文提及的语言现象应当在编写时贯彻在课文的始终，以此来帮助儿童熟练流畅地掌握阿拉伯语读写通识能力。尽管这些语言现象中的一部分可能非常难教，但教师应当学会在一种非常基础的水平上对其作出解释（此处并非指把阅读课上成语法课），以便让学生懂得今后在阅读中遇到上述语言现象时应该怎么做。

建　议

　　笔者将在本节对该二年级教材的修订给出具体建议。尽管埃及学生阅读学习受到了很多因素的影响,但笔者认为针对小学二年级程度而言,教材问题是诸多教学改革方法中最简单也是能最快得到解决的一个方向。对教师进行培训至关重要,但一名教师的教学实践想要真正发生转变可能需要很多年的时间。或许有些教师很快就能改变自己的教学实践,但有些教师会对改变教法非常抵触。然而,绝大多数教师都依赖和使用教材,因为绝大多数学生拥有的只有教材,并且教材为教师提供了课程框架、教学活动设计和教学指导。教材是一种"所有师生都会向其请教的"学习工具。如果教材可以向师生提供以更符合逻辑的排序方式呈现出更引人入胜的学习内容——以及那些可以把阅读的五个组成元素转化为与阿拉伯语阅读科研成果保持明显一致的教学内容——那就有可能在将来帮助学生提高其阅读成绩。进而,在小学低年级使用教材作为主要教学资源这一先例如果能成为一种基础和共识,那么很有可能绝大多数更高年级的教师也会继续使用新版的、改良后的课本和教师用书来作为自身教学内容和教学方式的基础。此外,如果对教师该如何呈现和组织教学活动能够给出清晰显性的教学指导,如果能把教学材料按更符合逻辑的方式来进行排列,如果教师用书可以用更清晰的方式来表述所期望达成的学生学习/学业表现成果目标,那么阅读教学实践也将收获巨大提升。因此,对小学二年级教材进行改革有可能会成为提升埃及阅读教学质量的一个至关重要的步骤,因为绝大多数儿童都拥有并使用教材,并且绝大多数教师也在教学过程中极其依赖教材。

（朱　正　译）

参考文献

Abadzi, H. (2017). Turning a molehill into a mountain? Why reading programs are failing the poor world-wide. *Prospects*. *46*(3 – 4),319 – 344. https://doi. org/10. 1007/s11125-017-9394-9.

Abdalla, A. H. A. (2010). *Effect of a suggested guide on the development of the competencies of literacy for non-qualified teachers*. Cairo: Egyptian Association for Curriculum and Teaching Methods, Faculty of Education, Ain Shams University.

Abouserie, R. (2010). *Early grade reading: Egypt case* [Power Point slides]. Presented at conference on All Children Reading by 2015: From Assessment to Action, Washington, DC, April 12 - 14. https://globa lreadingnetwork. net/eddata/all-children-readingapril-12egypt.

Abu-Rabia, S. (1995). Learning to read in Arabic: Reading, syntactic, orthographic and working memory skills in normally achieving and poor Arabic readers. *Reading Psychology*, *16*(4),

351 – 394. https://doi. org/10. 1080/0270271950160401.

Abu-Rabia, S. (1997a). Reading in Arabic orthography: The effect of vowels and context on reading accuracy of poor and skilled native Arabic readers. *Reading and Writing : An Interdisciplinary Journal* , *9*(1),65 – 78.

Abu-Rabia, S. (1997b). Reading in Arabic orthography: The effect of vowels and context on reading accuracy of poor and skilled native Arabic readers in reading paragraphs, sentences, and isolated words. *Journal of Psycholinguistic Research* , *26*(4),465 – 482.

Abu-Rabia, S. (2001). The role of vowels in reading semitic scripts: Data from Arabic and Hebrew. *Reading and Writing : An Interdisciplinary Journal* , *14* ,39 – 59.

Abu-Rabia, S. (2002). Reading in a root-based-morphology language: The case of Arabic. *Journal of Research in Reading* , *25*(3),299 – 309. https://doi. org/10. 1111/1467-9817. 00177.

Abu-Rabia, S. (2007). The role of morphology and short vowelization in reading Arabic among normal and dyslexic readers in grades 3,6,9, and 12. *Journal of Psycholinguistic Research* , *36*(2),89 – 106. https://doi. org/10. 1007/s10936-006-9035-6.

Abu-Rabia, S. (2012). The role of morphology and short vowelization in reading morphological complex words in Arabic: Evidence for the domination of the morpheme/root-based theory in reading Arabic. *Creative Education* , *3* (4), 486 – 494. https://doi. org/10. 4236/ce. 2012. 34074.

Abu-Rabia, S. , & Siegel, L. S. (1995). Different orthographies, different context effects: The effects of Arabic sentence context in skilled and poor readers. *Reading Psychology : An International Quarterly* , *16*(1),1 – 19. https://doi. org/10. 1080/0270271950160101.

Abu-Rabia, S. , Share, D. , & Mansour, M. (2003). Word recognition and basic cognitive processes among reading-disabled and normal readers in Arabic. *Reading and Writing : An Interdisciplinary Journal* , *16*(5),423 – 442.

Abu-Rabia, S. , & Awwad, J. S. (2004). Morphological structures in visual word recognition: The case of Arabic. *Journal of Research in Reading* , *27*(3),321 – 336. https://doi. org/10. 1111/j. 1467-9817. 2004. 00235. x.

Al Tabal, F. (2007). *The transformation theory of Roman Jacobson : Study and texts.* Beirut: University Foundation for Studies, Publishing and Distribution.

Boyle, H. , Al Ajjawi, S. , & Xiang; Y. (2014). *Topical analysis of early grade reading instruction in Arabic.* Washington, DC: Research Triangle Institute for USAID. https://www. giz. de/expertise/downloads/usaid2014-en-topical-analysis-early-grade-reading-instruction. pdf.

Brombacher, A. , Collins, P. , Cummiskey, C. , de Galbert, P. , Kochetkova, E. , & Mulcahy-Dunn, A. (2012a). *Iraq education surveys—MAHARAT : Analysis of student performance in reading and mathematics , pedagogic practice , and school management.* Prepared for USAID by RTI International under the Education Data for Decision Making (EdData II) Project, Task order AID – 267 – BC – 11 – 00001. Research Triangle Park, NC: RTI International.

Brombacher, A. , Collins, P. , Cummiskey, C. , Kochetkova, E. , & Mulcahy-Dunn, A. (2012b). *Student performance in reading and mathematics , pedagogic practice , and school management in Jordan.* Prepared for USAID by RTI International under the Education Data for Decision Making (EdData II) Project, Task order AID – 278 – BC – 00019. Research Triangle Park, NC: RTI International.

Center for Curriculum and Instructional Materials Development (2011). *Let's communicate.* Arabic language textbook, Grade 2. Cairo: Publication Technology Centre, Egyptian Ministry of Education.

Cochran, J. (2008). *Educational roots of political crisis in Egypt.* Lanham, MD: Lexington

Books.

Collins, P., & Messaoud-Galusi, S. (2012). *Student performance on the Early Grade Reading Assessment (EGRA) in Yemen*. Prepared for USAID by RTI International under the Education Data for Decision Making (EdData II) Project, Task Order No. EHC－E－07－04－00004－00. Research Triangle Park, NC: RTI International.

Dakwar, R. K. (2005). Children's attitudes towards the diglossic situation in Arabic and its impact on learning. *Languages, Communities, and Education*, 75－86. http://www.tc.columbia.edu/sie/journal/Volum e_3/Dakwar.pdf.

Dietrich, T., Elshawarby, A., & Lechtenfeld, T. (2016). Egypt's youth: Outside work and education. MENA Knowledge and Learning. Quick Notes Series. 12/2016,(162). Washington, DC: World Bank.

Education International Briefing Note (2015). https://ei-ie.org/media_gallery/EGRA_Briefing_Note.pdf.

Egypt Independent Newspaper (2017). http://www.egyptindependent.com/capmas-egypt-population-reach es-93-33-million/.

El-Hassan, S. (1977). Educated spoken Arabic in Egypt and the Levant: A critical review of diglossia and related concepts. *Archivum Linguisticum*, 8,112－132.

Fedda, O. D., & Oweini, A. (2012). The effect of diglossia on Arabic vocabulary development in Lebanese students. *Educational Research and Reviews*, 7(16),351－361.

Feitelson, D., Goldstein, Z., Iraqi, J., & Share, D. L. (1993). Effects of listening to story reading on aspects of literacy acquisition in a diglossic situation. *Reading Research Quarterly*, 28(1),70－79. https://doi.org/10.2307/747817.

Fernea, E. W. (1995). *Children in the Muslim Middle East*. Austin, TX: University of Texas Press.

Gavin, S. (2013). *Addressing the reading crisis in the Arab world: Teacher professional development for improving Arabic reading instruction*. https://www.sewardinc.com/white-papers.

Ghafar, A. A. (2016). *Educated but unemployed: The challenge facing Egypt's youth*. Policy briefing. Doha: Brookings Institution.

Gove, A., & Cvelich, P. (2011). *Early reading: Igniting education for all—A report by the Early Grade Learning Community of Practice*. Revised edition. Research Triangle Park, NC: RTI International. https://www.rti.org/sites/default/files/resources/early-reading-report-revised.pdf.

Halebah, M. (2013). *Methods of teaching reading for beginners*. Mecca, Saudi Arabia: Umm Al-Qura University. http://uqu.edu.sa/page/ar/121401.

Ibrahim, R. (2011a). How does dissociation between written and oral forms affect reading: Evidence from auxiliary verbs in Arabic. *Journal of Research in Reading*, 34(2),247－262.

Ibrahim, R. (2011b). Literacy problems in Arabic: Sensitivity to diglossia in tasks involving working memory. *Journal of Neurolinguistics*, 24(5),571－582.

Ibrahim, R., & Aharon-Peretz, J. (2005). Is literary Arabic a second language for native Arab speakers? Evidence from a semantic priming study. *The Journal of Psycholinguistic Research*, 34(1),51－70.

Iraqi, J. (1990). *Reading to Arabic-speaking kindergarten children compared to alternative enrichment activities as a means of improving listening comprehension and language skills*. Unpublished master's thesis. Haifa: University of Haifa, Department of Special Education.

Khamis-Dakwar, R., Froud, K., & Gordon, P. (2012). Acquiring diglossia: Mutual influences of formal and colloquial Arabic on children's grammaticality judgments. *Journal of Child Language*, *39*(1), 61 - 89.

Kim, Y.-S., Boyle, H. N., Zuilkowski, S. S., Nakamura, P. (2017). *Landscape report on early grade literacy*. Washington, DC: Global Reading Network for USAID. https://globalreadingnetwork. net/publications-and-research/landscape-report-early-grade-literacy-skills.

Levin, I., Saiegh-Haddad, E., Hende, N., & Ziv, M. (2008). Early literacy in Arabic: An intervention study among Israeli Palestinian kindergartners. *Applied Psycholinguistics*, *29* (3), 413 - 436.

Mahfoudhi, A., Elbeheri, G., Al-Rashidi, M., & Everatt, J. (2010). The role of morphological awareness in reading comprehension among typical and learning disabled native Arabic speakers. *Journal of Learning Disabilities*, *43*(6), 500 - 514. https://doi. org/10. 1177/0022219409355478.

Mahfoudhi, A., Everatt, J., & Elbeheri, G. (2011). Introduction to the special issue on literacy in Arabic. *Reading and Writing*, *24*(9), 1011 - 1018. https://doi. org/10. 1007/s11145-011-9306-y.

Messaoud-Galusi, S., Mulcahy-Dunn, A., Ralaingita, R., & Kochetkova, E. (2012). *Student performance in reading and mathematics, pedagogic practice, and school management in Doukkala Abda, Morocco*. Research Triangle Park, NC: RTI International. http://www. eddataglobal. org/documents/index. cfm/2-Morocco％20Final％20Report_ENGLISH_WITH％20INSTRUMENTS_26Apr2012. pdf? fusea ction＝throwpub&-ID＝387.

Murnane, R., Sawhill, I., & Snow, C. (2012). Literacy challenges for the twenty-first century: Introducing the issue. *The Future of Children*, *22*(2), 3 - 15. https://doi. org/10. 1353/foc. 2012. 0013.

Muter, V., Hulme, C., Snowling, M. J., & Stevenson, J. (2004). Phonemes, rimes, vocabulary, and grammatical skills as foundations of early reading development: Evidence from a longitudinal study. *Developmental Psychology*, *40*(5), 665 - 681. https://doi. org/10. 1037/0012-1649. 40. 5. 665.

Neilsen, H. D. (2013). *Going to scale: The early grade reading program in Egypt 2008 - 2012*. Case study report commissioned by the U. S. Agency for International Development's Middle East Bureau through the Data for Education Programming in Asia and the Middle East (DEP-ASIA/ME) contract. Washington, DC: USAID. https://globalreadingnetwork. net/eddata/going-scale-early-grade-reading-program-egypt-2008-2012.

NRP [National Reading Panel] (2000). *Report of the National Reading Panel: Teaching children to read: an evidence-based assessment of the scientific research literature on reading and its implications for reading instruction—Reports of the subgroups*. Washington, DC: National Institute of Child Health and Human Development, National Institutes of Health.

Oweini, A., & Hazoury, K. (2010). Towards a sight word list in Arabic. *International Review of Education*, *56*, 457 - 478. https://doi. org/10. 1007/s11159-010-9170-z.

Radwan, M. (2008). *Teaching reading for beginners/methods and psychological and educational foundations*. Cairo: Itrak Publishing House and Distribution.

RTI International (2012). *Improved reading performance in grade 2: GILO-supported schools vs. control schools. Results of the Early Grade Reading Assessments (EGRAs): 2009 baseline and 2011 post-intervention assessment*. Prepared for USAID under the Girls' Improving Learning Outcomes (GILO) Project, Contract No. 263 - C00 - 08 - 00010 - 00. Research Triangle Park, NC: RTI. https://www. eddataglobal. org/reading/index. cfm? fuseaction＝pubDetail&-ID＝359.

Sadoski, M. (2005). A dual coding view of vocabulary learning. *Reading & Writing Quarterly*, 21 (3),221 – 238. https://doi. org/10. 1080/10573560590949359.

Saiegh-Haddad, E. (2003a). Bilingual oral reading fluency and reading comprehension: The case of Arabic/Hebrew (L1)-English (L2) readers. *Reading and Writing: An Interdisciplinary Journal*, 16(8),717 – 736.

Saiegh-Haddad, E. (2003b). Linguistic distance and initial reading acquisition: The case of Arabic diglossia. *Applied Psycholinguistics*, 24(3),431 – 451.

Saiegh-Haddad, E. (2004). The impact of phonemic and lexical distance on the phonological analysis of words and pseudowords in a diglossic context. *Applied Psycholinguistics*, 25(4),495 – 512.

Saiegh-Haddad, E. (2005). Correlates of reading fluency in Arabic: Diglossic and orthographic factors. *Reading and Writing: An Interdisciplinary Journal*, 18(6),559 – 582.

Saiegh-Haddad, E. , & Geva, E. (2008). Morphological awareness, phonological awareness, and reading in English-Arabic bilingual children. *Reading and Writing: An Interdisciplinary Journal*, 21(5),481 – 504. https://doi. org/10. 1007/s11145-007-9074-x.

Saiegh-Haddad, E. , Levin, I. , Hende, N. , & Ziv, M. (2011). The linguistic affiliation constraint and phoneme recognition in diglossic Arabic. *Journal of Child Language*, 38(2),297 – 315.

Saiegh-Haddad, E. , & Joshi, M. (Eds.) (2014). *Handbook of Arabic literacy: Insights and perspectives*, *Vol. 9*, *literacy studies*. New York, NY: Springer.

Schwanenflugel, P. J. , Stahl, S. A. , & McFalls, E. L. (2016). Partial word knowledge and vocabulary growth during reading comprehension. *Journal of Literacy Research*, 29(4),531 – 553. https://doi. org/10. 1080/10862969709547973.

Share, D. L. (2008). On the Anglocentricities of current reading research and practice: The perils of overreliance on an "outlier" orthography. *Psychological Bulletin*, 134(4),584 – 615.

Taibah, N. J. , & Haynes, C. W. (2011). Contributions of phonological processing skills to reading skills in Arabic-speaking children. *Reading and Writing*, 24(9),1019 – 1042. https://doi. org/10. 1007/s11145-010-9273-8.

Taouka, M. , & Coltheart, M. (2004). The cognitive processes involved in learning to read in Arabic. *Reading and Writing: An Interdisciplinary Journal*, 17(1 – 2),27 – 57. https:// doi. org/10. 1023/b: read. 0000013831. 91795. ec.

United Nations (2005). *World youth report 2005: Young people today, and in 2015*. New York, NY: United Nations, Department of Economic and Social Affairs. http://www. un. org/esa/ socdev/unyin/documents/wyr05book. pdf.

United Nations (2017). *World population prospects 2017: Data booklet*. New York, NY: United Nations, Department of Economic and Social Affairs, Population Division. https://esa. un. org/ unpd/wpp/.

Walker, I. , & Hulme, C. (1999). Concrete words are easier to recall than abstract words: Evidence for a semantic contribution to short-term serial recall. *Journal of Experimental Psychology: Learning, Memory, and Cognition*, 25 (5), 1256 – 1271. https://doi. org/10. 1037// 0278-7393. 25. 5. 1256.

Youness, F. (2001). *Arabic Language Strategies in Secondary School*. Cairo: Dar Al Thaqafa for Printing and Publishing.

Zuzovsky, R. (2010). The impact of socioeconomic versus linguistic factors on achievement gaps between Hebrew-speaking and Arabic-speaking students in Israel in reading literacy and in mathematics and science achievements. *Studies in Educational Evaluation*, 36(2010),153 – 161. https://doi. org/10. 1016/j. stueduc. 2011. 02. 004.

对汤加英语读写能力发展的反思：
案例研究，2012—2017

保罗·尤尔姆*

在线出版时间：2018 年 3 月 5 日

©联合国教科文组织国际教育局 2018 年

摘　要　本文介绍了 2012 年至 2017 年在太平洋岛国汤加的中小学开展的为期五年的英语读写项目的案例研究。文章概述了项目开始的原因和方式；由和平队志愿者和汤加人合作开展的活动；它的目标；以及这种国际合作所产生的产品、程序和经验教训。该项目旨在培养汤加教育工作者创建、运用和维持"以儿童为中心"（或"以学生为中心"）的教学和评估实践的能力；利用书籍、图书馆和技术来支持读写能力的发展；加强家庭和社区对儿童学习和读写能力发展的支持；并增加幼儿、校内和校外青年和成人获得读写能力发展的准入机会。文章最后提出了政策制定者、实践者和家长可能采取的行动建议，以便在他们的国家建立更有效的读写发展体系。

关键词　读写能力　英语　汤加

* 原文语言：英语

我要感谢和平队、汤加的工作人员和志愿者以及我们许多汤加合作伙伴组成的敬业团队，感谢我在文中描述的他们的辛勤工作和创造力。本文所表达的仅是我个人的观点。

保罗·尤尔姆（美国）

教育学博士，成人、青年和儿童基础技能教育专家，曾在美国、冈比亚、汤加、津巴布韦、加纳、加拿大等国的若干所政府和非政府机构、大学和社区担任规划师、评估员、研究员、管理员、教授、课程开发人员、培训师及辩护律师等。他倡导参与式和协作式方法来培养基本技能，以帮助学习者积极和成功地融入工作、家庭和公民角色。他最近担任了五年的规划和培训部主任（Director of Programming and Training）。他目前是一名独立顾问，专注于开发美国境内外与工作相关的基本技能系统。如需更多信息，请访问 www. paulj urmo. info。

通信地址：Consultant on Basic Education for Development，3835 Keswick Avenue，Baltimore，MD 21211，USA

电子信箱：urmo@comcast. net

汤加如何运用和发展英语读写能力

　　汤加是南太平洋一个拥有 10 万居民的多岛屿小国,它是由波利尼西亚航海家在大约 2800 年前建立的。(注:这一章节是基于我在汤加的五年生活和实地调查研究[2012—2017],以及我之前在美国工作场所和社区学习系统的研究和开发。)在过去的 200 年里,讲英语的传教士、商人和媒体在文化和经济方面塑造了汤加。

　　与所有其他国家一样,汤加有一些正式和不太正式的机制来帮助其居民发展语言的流利程度。这些语言包括几乎所有居民日常使用的汤加语,以及被认为次重要的第二语言——英语。这些支持包括政府和私立中小学的正规教育体系,以及居民用来发展口语和书面语技能的不太正式的过程和结构。

　　不太正式的机制包括在家庭、教堂、社区、商业区和工作场所等环境中以面对面的口语方式进行的定期、真实的交流。特别是随着高速互联网服务的出现,汤加人越来越多地通过使用电子媒体(例如:短信、电话、电子邮件、脸书等其他社交媒体)进行交流;收听广播;观看电视、DVD 和在线视频。这些经常无意识地使用口语和书面语的习惯,使得汤加语和英语的使用得到了有意义的练习,英语的使用场所虽少,但在不断发展。这种读写能力和语言技能的定期运用是重要的,即使它们对加强读写能力和语言技能方面往往是有限的(即主要是非正式的社交和数字娱乐消费)。在利用这些实际机会发展口语和书面语时,有意为之和按部就班的使用者也存在着差异。

　　一些汤加人也在正规教育体系之外进行"自学"。他们利用辅导、学习纸质或电子资源来提高与读写相关的特定技能,或者通过学习以英语形式呈现的其他科目来间接地学习英语。许多汤加人为了家庭、学术、工作或其他目的(例如:度假或获得医疗保健)而前往其他英语国家。在这个过程中,他们有动力和机会提高英语流利程度,并把这些语言技能带回汤加。

　　这种"读写发展系统"的净效应是汤加人通常能够流利地使用汤加语的口头和书面形式。(汤加正逐渐融入许多英语单词,年轻一代对汤加语传统的、更正式的用法往往不那么流利。)许多人的英语口语也很流利,但书面英语却没那么流利。

　　然而,政策制定者和许多公众普遍表示,汤加人的英语读写能力并没有达到应有的水平。这种关切主要集中在大部分年轻人身上,他们刚从学校毕业,英语读写能力有限,而且在现代汤加文化中,他们似乎不具备生活所需的其他技能。这些是汤加版的"脱轨青年",他们在许多其他国家都存在,脱离了有意义的工作、教育和社会支持。这些年轻人无法填补汤加为数不多的现代工作岗位。如果他们到海外,并且必须与大量在农业、建筑业以及其他仍能找到此类工作的行业中从事体力劳动的外国工人竞争的话,他们的前景也不容乐观。从事这种工作的汤加工人寄回家的汇款是许多汤加家庭和整个汤加经济收入的重要组成部分。还有人担心,对于受过良好教育的汤加青年来说,他们的英语不足以使他们在汤加或其他国家的高等教育中取得好成绩。

有人担心过分强调英语学习会影响汤加儿童说汤加历史语言的流利程度以及他们与汤加文化和传统的联系。其他人则认为,尽管社会必须而且能够保护汤加语言和文化,但这可以在接受外部影响(如英语、技术、工作程序、环境实践和健康的生活方式)与整合汤加生活的最佳方面而得以实现('Maui Taufe' ulungaki 1979)。

最近的英语读写能力改革支持汤加的正规教育体系

在正规教育体系中,汤加语和英语的"读写能力发展"都最受关注。2011 年,汤加教育、妇女事务和文化部(现为教育和培训部,或 MET)开始努力改革汤加学校的英语教学方式。这被认为是必要的,因为学生在英语考试中表现不佳,学生没有准备好应对中学和大学教育的英语读写要求,以及(如上所述)汤加人经常缺乏有效参与成人角色所需的英语读写技能——在汤加和他们去其他国家都需要英语流利。

在外国咨询人员和经费的帮助下,汤加教育和培训部制定了一个新的英语教学大纲(MET 2011a,b),该大纲要求将英语读写教育转变为"以儿童为中心"的方向。这种新方法包括:

- 强调英语读写能力是学生学业成功和履行成人责任能力的重要工具;
- 采用教学实践,帮助学生积极参与学习过程,真正掌握英语,而不是简单地记忆和重复无意义的语言片段;
- 认识到人们是以不同的方式和不同的速度学习的,并采用差异化的教学,根据每个学生的优势和需求定制活动;
- 使用持续评估来衡量学生的需求,监督和指导学生的进步;
- 为学习者提供个人、小组和全组的多种练习机会,分享想法,互相示范,向同伴提供反馈,并提供使用英语进行交流的机会;
- 将语言学习与其他学术科目以及汤加人所扮演的家庭、公民和经济角色联系起来;
- 鼓励学生的创造力、思考能力、冒险精神和对接受新思想的能力;
- 使用角色扮演、歌曲、游戏、抽认卡以及与相关主题有关的真实对象。

这种以儿童为中心的做法与其他国家开展的读写改革举措相一致,并得到国际资助者、教育专家和组织机构的支持。在太平洋地区(Puamau and Hau'ofa 2010),特别鼓励教育工作者建立读写教育系统,其中包括:

- 相关内容(即与文化、学术要求、经济条件和特定学习者群体相关的内容,包括关注技术、太平洋环境以及针对儿童、残疾人和青年的其他主题);

- 在课堂环境内外进行教学实践；
- 家长和其他社区利益相关者的参与；
- 不断利用监测和评估为实践和政策提供信息；
- 特别强调支持教师通过教师培训和其他形式的专业发展使用有效的实践；
- 强有力的、客观的、富有远见的领导和治理能力，以及侧重于适当的目标和目的的有效战略规划；
- 来自旨在改善教育的资助者和东道国机构的充分支持。

汤加的新英语教学大纲主张放弃以教师为中心的教学方式（其中，教师和其他权威人士在很大程度上控制着内容和活动）。作为替代方案，新英语课程提出了希望更为相关的内容以及教师可以用来帮助学生掌握该内容的教学实践示例（MET 2011a，b）。

自新课程启动以来，汤加已经培训了新教师和现任教师，向学校分发了教师指南，并承担了专门评估和方案改进项目。教师在不同程度上已经开始使用新的内容和方法。

和平队/汤加英语读写项目的起源、目标和活动（2012—2017）

随着 2011—2012 年新课程改革工作的开展，汤加教育和培训部向美国和平队寻求了帮助。尽管向学校发放新教师指南和学生用书，培训教师并实施专门评估和方案改进项目的计划正在推进，但教育和培训部官员也意识到改革工作面临着一系列重大挑战。这其中包括没有把英语作为第一语言的民众，以及自己英语水平不高、不熟悉汤加学校正在推广以儿童为中心的理念和实践的教学工作者。

2012 年底，为响应汤加教育和培训部的要求，和平队抵达汤加读写能力改革的现场。和平队是美国联邦政府的一个独立机构，那时已经向汤加派遣和平队志愿者（Peace Corps Volunteers，PCVs）将近 50 年，为各种政府和非政府项目和机构提供技术援助。

2012 年底，和平队/汤加启动了被称为"英语读写项目"的活动，其总的目的是帮助汤加教育和培训部实施新的以儿童为中心的英语课程。和平队志愿者已经在汤加学校成功工作多年，并以其承诺（至少两年的服务）、流利的英语、在偏远社区生活和工作的意愿以及学习汤加语言和习俗的意愿而闻名。汤加教育和培训部认为这些美国志愿者可以帮助这项具有挑战性的课程改革工作。

该项目的策划者还认为，作为学生的和平队志愿者已经接触过以儿童为中心的教学方法的某些形式，并且有信心能够帮助校长和教师采用这种方法。他们将通过与汤加老师同行一起生活和工作来做到这一点，他们中的许多人以前可能接触过（通过培训或作为学生或教师的经验）以儿童为中心的新方法。

位于华盛顿特区的和平队总部有自己的方式,即所谓"以学生为中心"的英语读写和语言教育方法,和平队志愿者正采用此方法在世界各地实施英语项目。和平队志愿者将根据以下方法(海外规划和培训支持办公室 2015),与东道国的同行合作。

- 系统地集中教学,帮助学生掌握读写的组成部分(构建模块);
- 让学生在接触活动中熟悉并适应作为有意义的交流工具——英语的自然运用;
- 采取双语教学方法(将英语教学与母语教学相结合);
- 为学校以及家庭和社区的扫盲提供支持;
- 使和平队《识字积木》手册中描述的以学生为中心的活动适应和平队志愿者的特定学生和学校环境。

在该项目的早期阶段,和平队的工作人员与教育和培训部官员合作,设计并修订了新的英语读写项目的框架,该框架确定了目标、目的、活动、合作伙伴和成功的指标。该项目的总体目标是培养汤加校长、教师和社区为小学生提供有效的英语读写发展机会的能力。这项工作的学习者目标逐渐扩大,所以他们包括了中学生,以及其他可能接受过或没接受过正规英语读写教育的青年、成人和幼儿(该项目的七个目标以及相关活动、成果和经验教训介绍如下)。

结果与项目的目标相对应

随着 2017 年底五年目标的实现,这项国际集体努力的结果是积极的。和平队志愿者与汤加学生、教师、校长和其他利益相关者(如父母和主要教育机构)合作开发了许多有用的程序和产品。该项目使汤加儿童与母语为英语的教师和新的教学活动接触多达四年或以上的时间,并促成了新伙伴关系的形成,以支持英语读写能力的发展。反过来,地方和国家层面的一些利益相关者正在审查、调整、使用和维持由此产生的资源。

本节总结了与项目七个目标相关的成果——产品、程序和主要发现。

目标 1.1: 提高三至八年级教师对以学生为中心的教学方法的使用

目标 1.2: 增加三至八年级教师对以学生为中心的教材的使用

为了实现这两个相互关联的目标,和平队志愿者必须同时做两件事:与他们学校的汤加合作伙伴建立工作关系的同时,也与那些新伙伴合作开发和传播与汤加学生和学校相关的,并能为汤加教师所用的以学生为中心的教学和评估实践。他们所使用的两种相互交织且相当成功的策略描述如下:

策略 1: 开发以学生为中心的实践和材料

通过培训讲习班、实地反复试验、与国内专家的讨论、对学生读写能力的评估,以及通过面对面和电子通信分享由此产生的实践成果,和平队志愿者(与汤加同行)

确定了汤加中小学生需要额外帮助的优先读写技能——尤其是解码、阅读理解和语法。和平队志愿者同时开发了汤加教师可以用来教授这些技能的有用的教学实践和材料。这些教学工具和方法可分为几类，包括与文化和语言相关的阅读材料（其中包括一系列高频词图书）；作为教学工具的引人入胜的游戏（例如纸牌游戏、需要肢体动作的游戏）、表演艺术（例如唱歌、角色扮演）及视觉艺术（例如绘画、拼贴画）的使用；以及将英语教学与其他学科（例如健康和环境知识）相结合的活动。志愿者将这些实践与现有的教育和培训部课程单元联系起来，并以纸质和电子形式发布。

同样地，和平队志愿者创建了几种评估形式来衡量上述的优先技能。他们对这些评估进行了实地测试，并与汤加合作伙伴分享了结果。和平队志愿者监测和评估委员会（The PCV Monitoring and Evaluation Committee）认为，展示学生的实际技能水平很重要，这可作为一种向利益相关者介绍需要重点关注的读写类型和程度，以及衡量进展和记录成功的方法。

策略 2：开发、实施和维持协作能力建设关系，以帮助合作伙伴设计和运用以学生为中心的实践

和平队/汤加工作人员提出了"协作能力建设"一词，指的是和平队志愿者和与他们在两年内互动过的校长、教师以及其他利益相关者之间的工作关系。如果该项目真的能帮助当地合作伙伴增强他们采用以学生为中心的方法的能力，使其成为自己的方法，并能随着时间的推移使用和维持这种方法，那么这种双向关系是至关重要的。协作方法的另一个重要优势是它有助于和平队志愿者发展自己对所合作的教师、学校和课程的理解。和平队志愿者与多个合作伙伴采用的协作策略以及关键结果描述如下：

该项目确定了协作能力建设的关键组成部分，包括和平队志愿者可以与之合作的各种伙伴，可以开展合作的方式，这些关系的各种目的，以及成功协作所需的支持。和平队志愿者和工作人员与多个利益相关者——包括教育机构、财政和实物援助的捐助者、政府机构和非政府组织、宗教组织和社区团体——在全国四大岛屿群体和四个层面：地方（学校和社区）、地区、国家和国际开发、实施、完善和维持富有成效的关系。

在学校和村庄层面，和平队工作人员和志愿者执行了多项进程，以便与学校和社区利益相关者建立富有成效的关系（和平队/汤加 2015）。和平队工作人员进行了现场识别（即与和平队志愿者可能工作的学校和社区建立初步发展关系）；培训新确定社区的合作伙伴如何与和平队志愿者合作以及如何规划和实施发展项目；和平队工作人员与当地合作伙伴之间的定期持续交流（通过实地考察和打电话的方式）。

在同一地方层面上，和平队志愿者在他们第一次到达现场时就会盘点当地的需求和资源。他们会访问学生的家（向家长和其他家庭成员介绍自己，阐明孩子的需求以及家庭如何与和平队志愿者合作），并在学年开始时参加学校的计划周。和平队志愿者在第一学期观察了学校的活动,并为同行老师选定了以学生为中心的实践模式(即展示,而不是解释)。此外,他们还与同行制定了各种合作计划与合作教学策略,以印刷和电子形式共享教学资源。

在地区层面(即在和平队志愿者工作的四个主要岛屿群体中),和平队志愿者与教育和培训部地区办事处合作,为教师和校长举办关于以学生为中心的实践员工发展研讨会。他们还与教育和培训部办事处的地区官员和工作人员以及访问和平队志愿者学校的教育和培训部代表进行了非正式交流。这些交流使和平队志愿者能够与教师和校长建立积极的关系,交流想法,并为他们的工作获取实际支持。地区办事处的几名工作人员成了和平队志愿者所做工作的有力倡导者,并协助其向未获分配到和平队志愿者的学校宣传该项目。

在国家层面,和平队/汤加工作人员逐渐意识到他们可以从许多国家层面合作伙伴的知识和其他资源中获益。工作人员看到合作伙伴可以敞开大门并增加对这项工作的支持,如果工作人员和志愿者通过国家网络开展工作,他们可以更广泛地传播项目产品和知识。虽然工作人员同时支持和平队志愿者在学校和社区层面的协作工作,但他们还与项目咨询委员会(Project Advisory Committee,PAC)建立了积极的合作伙伴关系,该委员会由国家主要教育机构(教育和培训部、南太平洋大学、一所重要的高等专修技术学院和一所名列前茅的中学)的坚定代表组成。项目咨询委员会成员指导了项目的方向,并帮助和平队志愿者开发和传播课程和评估工具。此外,一些国际捐助者(例如美国和日本大使馆、澳大利亚和新西兰高级委员会)为和平队志愿者活动提供了财政和实物支持。汤加政府和非政府组织与和平队志愿者合作开展社区废物管理、水安全教育、学校园艺、阅读材料创建、课余篮球以及有特殊学习需求的儿童的全纳教育等相关项目。

第二年,和平队工作人员和志愿者开始创建一些和平队志愿者委员会和团体。这使得对某个主题感兴趣的和平队志愿者团队可以跨站点协作,以编译有用的资源,创建新的资源,对它们进行相应的调整,将它们整理成印刷品和电子收藏品,并分享它们。这些委员会和团体还具有与上述各种国家层面机构合作的集体力量,从而确保汤加合作伙伴参与创建、使用和维持和平队志愿者正在启动的资源。

在国际层面,该项目的副产品是工作人员和和平队志愿者与汤加以外的机构建立的积极关系。其中包括:与南太平洋大学(USP)汤加校区的教育学院合作,为汤加儿童开发阅读材料,这些材料可能也适用于南太平洋大学在其他太平洋国家的校区;向来自其他国家的南太平洋大学的教员学习;与亚利桑那州立大学(ASU)的SolarSPELL项目合作,该项目正在实地测试一种太阳能的、耐气候的小型计算机,以便在几个太平洋国家的学校中使用;通过网站(www. peace corps. gov/tonga)与和平队直播(全球和平队人员的文件共享系统)与世界各地感兴趣的人分享有关英语读写项目的信息;并利用美国驻斐济大使馆、澳大利亚和新西兰高级委员会、日本大使馆和其他国家的相关机构对具体项目活动的财政支持。

目标 1.3(A 部分)：提高三至八年级教师对图书馆资源的使用

我们的和平队志愿者图书馆委员会执行了四项重要任务。其中之一是对中、高等学校的现有图书馆进行研究，以明了这些图书馆是如何运作的，以及它们如何为小学图书馆的设计提供信息(Connors and Pugh 2015)。委员会成员还制定了书籍平整和分类指南，并为小学图书馆创建了一套与中、高等学校图书馆相一致的编码系统。最后，他们培训了五组使用这些图书馆相关资源的和平队志愿者。

许多和平队志愿者将图书馆开发作为他们工作的主要组成部分。新志愿者对他们的学校图书馆进行了初步评估，以确定现有的与图书相关的资源是如何使用的，以及可以做出哪些改进。志愿者还经常清理和重组他们学校的现有图书馆，创建新的图书馆，培训教师和学生使用他们的图书馆，重新利用不太有用的材料(例如从旧书中剪下插图用作教具)，为图书馆征集和整理阅读材料，把学校或公共图书馆用于特殊的阅读项目(例如周六早上或课后)，并创建基于社区的图书馆。

目标 1.3(B 部分)：提高三至八年级教师对图书馆信息和通信技术(ICT)资源的使用

2012 年底，该项目开始寻找在学校使用技术的适当方法。由于学校普遍缺乏工作计算机和在教育应用方面受过培训的人员，因此在汤加用于教学目的计算机的使用是受限的。缺乏国家学校技术计划和资源也限制了这一领域的工作。尽管面临这些挑战，和平队志愿者还是与同行合作开发了许多有前景的技术使用方法，这些方法被分解为七种模式，描述如下(Peace Corps/Tonga 2017b)。

技术模型 1：共享教育资源

通过个人和和平队志愿者技术组的工作，和平队志愿者开发了三种版本的电子文件共享系统，用来在他们自己和汤加同行之间共享数字资源。最初，和平队志愿者采取了在线 Dropbox 集合的形式，用来彼此分享课程计划和教学材料。当事实证明许多志愿者很难访问时(由于互联网服务有限)，和平队志愿者转而使用闪存驱动器来存储和共享他们自己和汤加老师之间的电子资源。在文件共享的第三个版本中，和平队志愿者和和平队工作人员与 SolarSPELL 合作，将有用的教学资源上传到亚利桑那州立大学工作人员正在汤加和太平洋地区其他四个和平队站点上进行实地测试的 SolarSPELL 太阳能的、耐气候的硬盘上。

技术模型 2：整理和升级计算机设备

新和平队志愿者经常在学校的办公室、图书馆或教室中发现使用过的电脑设备，或者可能存放在壁橱里。这些电脑或者运行良好，或者更常见的是处在失修的各种阶段。由于物理条件(例如高温、潮湿、灰尘、昆虫，甚至壁虎都可能破坏电脑的内部零件)，电压浪涌，计算机病毒以及缺乏基本维护，普通台式电脑在汤加没有得到友好的对待。尽管存在这些挑战，一些和平队志愿者仍然在搜寻使用过的和/或捐赠的电脑,以便在他们的学校中创建工作的计算机实验室。在某些情况下,他们将这些计算机整合到更传统的学校图书馆中去。那些在中学工作的和平队志愿者发现他们的计算机资源明显要比小学更好。

技术模型 3:帮助学生提高英语读写能力和计算机技能

虽然他们大多数学校缺乏使用西方教学技术模式的硬件、软件和专业知识,但是一些和平队志愿者以适合学生和学校的方式改编了技术。和平队志愿者使用计算机向学生传授英语技能和计算机技能,或使用 DVD 作为英语教学和课堂管理的工具(例如作为对良好行为的奖励)。一些人使用 CD、MP3 播放器和廉价的扬声器播放录制的歌曲(包括一些由和平队志愿者制作的歌曲)来教授英语和开导学生。一些和平队志愿者使用 Skype 与美国学校进行交流——来回发送照片、视频、信息或歌曲——或进行联合作业(例如使用地图)。因此,汤加学生可以在自然环境中看到和听到来自另一种文化讲着流利英语的儿童。

和平队志愿者还使用视频技术让学生能够向父母做演示。一些志愿者学会了如何使用简单的录音机(在许多手机上都能找到)来记录学生的英语口语技能。他们把录音回放给学生听,让他们听到自己的声音。这些为每个学生保存的录音,作为一个持续的记录,记录学生的技能如何随时间的推移而发展。

2016 年,少数和平队志愿者尝试使用特殊软件开发电子书原型。学生、教师和家长可以使用这些书来阅读故事,同时听着一个讲英语的叙述者在背景中朗读。

技术模型 4:帮助教师发展专业技能和资历

一些和平队志愿者使用他们的个人笔记本电脑或学校的电脑来向他们的同行传授基本的计算机技能。然后,教师使用这些技能创建自己的课程计划和教学资料。一些和平队志愿者通过南太平洋大学辅导参加在线专业发展课程的同行。

技术模型 5:帮助校长和同行准备文件

和平队志愿者使用电子表格记录他们与学生进行的读写能力评估的结果,然后与主管和教师分享这一电子成绩册,以便他们在准备教育和培训部的报告时使用。一些和平队志愿者还帮助他们的校长使用计算机来准备其他类型的报告、资助提案以及他们的代理机构、资助者、媒体或其他受众所需的文件。

技术模型 6:使用视频技术培训和平队志愿者

2016 年和 2017 年,工作人员开始使用视频技术记录和平培训活动期间和平队志愿者进行的实践教学。他们使用这些视频的编辑版本来培训那些同样的志愿者和新志愿者。

技术模型 7:与其他利益相关者沟通我们的项目

2016 年和 2017 年,工作人员和和平队志愿者开始使用网站、在线文件共享系统和视频技术,向汤加国内外感兴趣的受众传达有关项目的信息。他们在贴吧(www. peace corps. gov/tonga)和和平队直播(由和平队总部建立的在线资源共享系统)上发布了项目文件。工作人员和志愿者也开始探索如何使用英语和汤加语短片向当地社区、政策制定者、教师和其他人解释该项目。

目标 2.1：通过课堂学习提高三至八年级英语读写能力

目标 2.2：通过课外学习提高三至八年级英语读写能力

和平队志愿者他们自己与同行一起在过去五年里为 40 所学校的儿童提供了读写教育和评估服务。根据反馈信息，和平队志愿者/同行的共同努力改善了儿童的表现(例如提高了中学入学所需的 6 级考试成绩)。

和平队志愿者及其同行在正常的上课时间和正常上学时间以外的课外活动中提供了这些支持。课外活动包括：6 级考试准备课程；辅导和家庭作业帮助课程；在社区环境的学校(例如社区图书馆)以及在和平队志愿者和学生的家中进行阅读和其他读写支持活动(例如放学后和周六上午)。

志愿者和合作伙伴还开发了创新性健康活动(例如课后篮球)和环境活动(例如社区清理、女孩户外活动俱乐部)，这些活动至少与英语读写能力的发展有间接的联系，因为在活动中经常使用英语，或者英语课程中涵盖了相关的词汇。

目标 3.1：增加社区对儿童、青年和成人读写能力发展的支持

这一目标在英语读写项目的头五年里得到的关注较少。这可能是因为读写能力发展通常被视为学校的责任，而不是家长和社区的责任。尽管如此，和平队志愿者在过去的五年里以各种方式与同行及和平队工作人员合作，帮助家长为他们的孩子和学校提供与读写相关的支持。他们还与家庭教师协会(PTAs)、教会、城镇官员、体育团体以及当地政府和非政府机构合作，为学校提供各种支持。

和平队志愿者使用五种策略来促进家庭和社区的参与：(1)将家庭和社区主题纳入读写教学；(2)将家庭和社区成员作为学校的学习资源；(3)让社区参与改善学校的物质基础设施；(4)在家庭和社区提供学习机会；(5)让家长和社区成员参与进来，倡导为所有儿童提供优质学习机会。和平队工作人员和更有经验的志愿者使用这些策略来培训志愿者、学校和社区合作伙伴(和平队/汤加 2017a)。

目标 3.2：加强社区成员的英语读写能力

该目标在项目的头五年里也得到较少的关注。尽管如此，为数不多的和平队志愿者及其同行以各种方式为除和平队志愿者正常合作过的中小学生以外的学习者提供读写能力发展机会。这些学习者群体有较年幼的儿童(包括学龄前儿童和通常没有接受过正式英语培训的一、二年级儿童)，可能就读过或没读过中学的青年，以及成人。和平队志愿者努力为这些人群服务是对其社区的要求做出的直接回应。

和平队志愿者为职业课程的学生提供英语辅导；帮助南太平洋大学和图普高等学院的学生加强他们在高等教育中所需要的写作和其他英语技能；辅导中学生和成人的英语和其他科目；教授非英语科目的高中课程(如计算机课程和商务课程)，同时在这些课程中广泛使用英语，从而加强学生对英语的实际应用。他们还为青年和成人(包括同事)提供计算机技能培训,从而帮助学生发展计算机和英语技能,因为大多数计算机应用程序使用英语。此外,和平队志愿者还在 *kindi*(幼儿园)和一、二年级课堂中提供歌曲和其他活动,为学习英语和发展读写技能奠定基础;他们帮助家长了解他们在家中如何帮助孩子学习英语,培养基本的读写能力和学习技能(在这个过程中,帮助家长更自在地使用英语);以及志愿者们帮助教师提高英语水平,完成教师培训项目的课程作业。

建　议

以下建议是提供给主要的利益相关者,这些利益相关者在他们的国家努力地在国家和地方层面创建更有效的读写发展系统方面发挥着重要作用(这对于所教语言是大多数学龄儿童不使用的国际或国家语言的情况尤为重要)。这些重要的参与者包括教育和发展政策制定者和资助者、教育工作者、其他潜在的合作机构和组织,以及家长和其他社区利益相关者。我根据本文所述的在汤加五年的合作努力以及其他国家在其他读写举措方面的经验和研究提出了这些建议。这些建议也符合汤加教育和培训部、太平洋教育专家与和平队总部所推广的读写教育指导方针(本文开头所述)。

建议 1:以有意义的方式投资有效的实践

该项目表明,确实有可能制定汤加英语读写项目目标以及与读写教育有关的国际准则和研究所要求的各种做法。汤加的和平队志愿者经常与东道国合作伙伴合作,能够设计、实地测试和记录许多有发展前景的教学和评估活动及材料;使用书籍、图书馆和各种技术;在正常上课时间和课外环境中使用这些实践的策略;以及为各种年幼儿童、青年和成人提供读写发展机会的模式。志愿者和同行还制定建立了教师创造和使用这类工具的能力的方法,并为家庭和其他社区利益相关者制定策略,以支持村一级的读写发展。

随着项目的展开,很明显,各类利益相关者积极支持此类创新的开发、引入和进一步完善是多么必要。如果没有针对这些新形式的读写发展的情感、政策和实际支持(例如资金、实物资源、教师培训、家长教育),这些创新就不可能被广泛理解、使用和维持。该项目能够与校长、教师、家长以及地方、区域和国家层面组织的代表合作,这些组织对创造这些革新持开放态度。然而,这种支持往往姗姗来迟——或者根本就没有,结果,好的想法和动力就逐渐消失了。

因此,一个重要的建议是,为了使这类项目产生有意义的、持久的影响,从项目一开始就需要合作伙伴(即主办学校、家长团体、其他合作组织和资助者)的坚定承诺和强烈参与。虽然善言是值得赞赏的,但除非合作伙伴投入人力、时间、专业知识和其他资源,否则创新的教育实践不可能在一个国家扎根。这些资源可能包括现有的教师培训和课程开发人员以及健康和环境机构，这些机构可以支持将读写活动与促进社区健康和环境的可持续性结合起来。

合作伙伴需要与那些正在从事创新工作的人积极合作，以进一步开发有用的工具，训练教师使用这些工具，进行必要的调整，并以电子形式和易于使用的印刷形式传播所得的资源。这些新资源可能会在精心挑选的学校和社区中（由经验更丰富的用户指导新手）进一步试验，以进一步培养兴趣并建立使用创新产品和程序的能力。

这种承诺和协作需要拥有技术专长、组织技能、权威和前瞻性、学习意愿、坚持优质态度的领导者。它还需要以支持和维持质量为目标的财政和实物支持，而不是碰运气的、短期的、不协调的努力。

建议 2：学习并借鉴以往的经验

为了将汤加英语读写项目中发展得有前景的做法提升至数量和质量的新水平（即通过不断改进服务来吸引更多的学生、教师和社区），需要强有力的领导。应该将致力于提高读写能力的重点教育机构和其他机构的优秀专业人员组成一个专家组或工作组来指导和管理系统改革工作。该领导团队将花时间真正了解该国迄今发展起来的读写支持的优势和局限性，然后指导进一步开发和使用选定的实践和工具。

该指导委员会应该评估哪些系统改进工作揭示了学生、教师、家长和其他主要参与者的需求；应对这些需求的潜在有效方法；以及如何在国家现实中以相关的和可持续的方式扩大有效做法的使用。

建议 3：组织多个利益相关者进行更全面、更完整的工作

一项运作良好的读写系统改革工作应该考虑如何有效地应对不同的学习者群体和其他利益相关者、读写目的和学习策略。例如，规划者应该决定改革工作将优先考虑哪些学习者群体：年幼的儿童、年长的儿童和青年（包括入学和未入学的），可能还有成人（例如父母、工人）。在选定的人群中，目标学习者面临哪些挑战（例如残疾、艰难的生活环境、偏远地区）？改革努力的目标是什么（例如读写能力作为学术进步、健康、环境可持续性、劳动力发展、社会凝聚力和/或民主的工具）？

全面的努力可能有助于在更广泛的场所（例如在上课期间和下课之后的学校，在社区，在家中）、活动（例如游戏，基于项目的学习，通过"俱乐部"将基本技能与其他科目相结合）和工具（例如吸引人的阅读材料和适当的技术形式）中学习。它可能涉及更广泛的利益相关者（特别是家长，可能还有社区志愿者，他们以上述的汤加目标 3.1 所描写的多种方式支持学校、家庭和其他场所的读写能力发展）。应该鼓励改革努力的领导，并通过开放、积极和持续的沟通和解决问题，提供发展专业知识与分享想法和策略的机会。

建议 4：以教育如何改善个人生活和国家未来的愿景为指导和倡导

所有愿意参与读写系统改进的人——教师和其他教育工作者、家长、社区领袖和其他人都应该受到鼓励,帮助其成为"受过教育的消费者",了解他们为何以及如何做出贡献。除了要扮演特定的"工蜂"角色外,他们还应成为其社区内外学习者和读写能力的发展的积极倡导者。

建议 5: 庆祝成功

建立更有效的学习和读写发展系统是一项艰巨的工作。我们需要承认并支持积极的努力和有意义的成果,即使是很小的成果。需要鼓励和支持那些从事这项工作的人,使其不断加强他们的优势和成功。"坚持目标",并在前进的过程中保持坚强。

(严伟剑 译)

参考文献

Connors, J. , & Pugh, C. L. (2015). *Tongan libraries survey 2015: An insight from the inside*. Nuku'alofa: Peace Corps/Tonga.

MET [Ministry of Education and Training Tonga, Curriculum Development Unit] (2011a). *English language syllabus for basic education in Tongan schools (class 3 - class 8)*. Nuku'alofa, Tonga: Ministry of Education, Women's Affairs, and Culture.

MET (2011b). *The Tongan curriculum framework*. Nuku'alofa: Ministry of Education, Women's Affairs, and Culture.

Office of Overseas Programming and Training Support (2015). *The building blocks of literacy: A literacy resource manual for Peace Corps Volunteers*. Washington, D. C. : Peace Corps.

Peace Corps/Tonga (2015). *Appendix: Collaborative capacity building. Idea book for English literacy facilitators*. Nuku'alofa: Peace Corps/Tonga.

Peace Corps/Tonga (2017a). *'Atakai 'o e Ako: Family, village and school as partners for learning and literacy*. Nuku'alofa: Peace Corps/Tonga.

Peace Corps/Tonga (2017b). *Tech tools for literacy in Tonga*. Nuku'alofa: Peace Corps/Tonga.

Puamau, P. , & Hau'ofa, B. (Eds.) (2010). *Learning with PRIDE. Pacific education series 9*. Suva: Institute of Education, University of the South Pacific.

Taufe'ulungaki, A. M. (1979). Curriculum development in Tonga: Then and now. *Directions: Journal of Educational Studies*, 3, 25 - 35.

青年在替代基本技能和生计技能
培训项目中的两项阅读评估

约翰·P·康明斯　约翰·斯特拉克　布伦达·贝尔*

在线出版时间：2017 年 3 月 27 日
©联合国教科文组织国际教育局 2017 年

摘　要　本文介绍了两种评估工具,这些工具用于评估参与替代基本技能和生计技能培训项目的青年的阅读技能。快速阅读技能评估(Rapid Assessment of Reading Skills, RARS)的开发是为了确定在开始培训之前需要提高阅读技能的潜在参与者,并将他们分配到适当的基础阅读教学水平中去。校外读写能力评估

---

* 原文语言：英语

作者感谢 Emily Morris, Chris Ying 和 Craig Hoyle 在这两项评估的开发和现场测试中所做的贡献。

约翰·P·康明斯(美国)

　　波士顿国际非政府组织世界教育(World Education)高级技术顾问,马萨诸塞大学阿默斯特分校国际教育中心兼职教员。从 2012 年 4 月至 2013 年 10 月,他在奥巴马政府担任教育政策顾问,主要负责美国国际开发署(USAID)的低年级阅读计划。2008 年至 2012 年,担任教育发展中心(Education Development Center)首席国际技术顾问。1996 年至 2008 年,担任国家成人学习和扫盲研究中心(National Center for the Study of Adult Learning and Literacy)主任,也是哈佛大学教育研究生院教员。在来哈佛大学之前,他曾任世界教育副总裁 12 年。
　　通信地址：World Education, 44 Farnsworth Street, Boston, MA 02210, USA
　　电子信箱：john_comings@worlded. org

约翰·斯特拉克(美国)

　　教育发展中心顾问,为校外青年设计并试行了读写能力评估。2007 年至 2011 年,任世界教育公司项目主管,1996 年至 2007 年,任国家成人学习和扫盲研究中心助理研究员,及哈佛大学教育研究生院教育讲师。他曾担任美国职业和成人教育办公室、美国国家识字研究所、加拿大统计局、联合国教科文组织、埃及成人教育机构和马萨诸塞州联邦的顾问。
　　通信地址：Education Development Center, 43 Foundry Avenue, Waltham, MA 02453, US

布伦达·贝尔(美国)

　　教育发展中心高级国际技术顾问,致力于全球基础教育和青年发展项目。1993 年至 2006 年,任田纳西大学识字研究中心副主任;国家成人基础教育标准制定和系统改进计划"装备未来"首席研究员;国家成人学习和扫盲研究中心助理研究员。
　　通信地址：Education Development Center, 43 Foundry Avenue, Waltham, MA 02453, US

(Out-of-School Literacy Assessment)将快速阅读技能评估纳入更复杂的影响评估工具中。这两种评估工具还可用于为程序设计、定义基准和评估影响提供信息。

关键词　评估　青年技能培训　读写能力

在过去十年中,评估小学生阅读技能的国家数量急剧增加。这些评估的目的是确定小学生是否获得了足够的阅读技能,以便在中学及以后能够通过阅读来学习。高收入和中等收入国家开发自己的评估或参与由国际教育成就评估协会(International Association for the Evaluation of Educational Achievement)在波士顿学院开展的国际阅读素养进展研究(Progress in International Reading Literacy Study,PIRLS)(Mullis and Martin 2015)。许多低收入国家使用由美国非政府组织(NGO)三角研究院(Research Triangle Institute)开发的低年级阅读评估(Early Grade Reading Assessment,EGRA)(Gove and Wetterberg 2011),或者是印度非政府组织布拉罕教育基金会开发的教育年度报告(Annual Status of Education Report,ASER)(ASER Centre 2014)。这些评估对于提高人们对投入阅读教学改进必要性的认识非常重要,低年级阅读评估和教育年度报告已成为评估旨在改善此类教学的干预措施的影响手段。

由于国际素养阅读进展研究、低年级阅读评估和教育年度报告侧重于小学生的阅读技能,因此不适合失学的青年或成人。为了服务这一人群,位于蒙特利尔的联合国教科文组织统计研究所(UNESCO Institute for Statistics,UIS)制定了扫盲评估和监测计划(Literacy Assessment and Monitoring Program,LAMP)(Guadalupe and Cardoso 2011)。经济合作与发展组织(OECD)在其成员国和非成员国发起了若干成人读写能力评估,最近的一次是国际成人能力评估项目(Program for International Assessment of Adult Competencies,PIAAC)(OECD 2013)。国际成人能力评估项目和扫盲评估和监测计划都是昂贵的事业,仅适用于基于样本的国家读写技能评估。

本文介绍了为低收入国家参与基本技能和生计技能培训项目的青年开展的两项阅读评估:(1)快速阅读技能评估(RARS),(2)校外读写能力评估(OLA用于硬拷贝格式,eOLA用于数字格式)。这些评估比国家随机抽样研究所用的测试更容易设计和实施,而且成本更低。虽然它们缺乏国家评估的严密性,但它们可以作为项目内部决策的辅助手段。美国非政府组织教育发展中心(Education Development Center,EDC)利用美国国际开发署(USAID)的部分资金开发了这两项评估。快速阅读技能评估是在卢旺达开发的,目的是作为一种快速、简便的评估,以确定哪些青年技能培训项目的参与者需要基本的阅读指导,并用于将参与者安排到满足他们需求的课程中。教育发展中心为快速阅读技能评估增加了五个额外的子测试来生成校外读写能力评估,该评估针对的是在利比里亚参加替代基本教育和生计技能培训项目的青年。作为校外读写能力评估两个版本的基线和终端测试,用于评估该项目对阅读技能发展的影响。后来,教育发展中心在卢旺达、马里、圭亚那和埃塞俄比亚开发了校外读写能力评估的附加版本。我们将讨论利比里亚的首次校外读写能力评估迭代以及卢旺达的快速阅读技能评估。

快速阅读技能评估和校外读写能力评估与当前循证理论(Adams 1990;NRP 2000)是一致的,该理论解释了学生是如何获得和提高早期阅读技能的。这一理论是基于随机对照试验的结果,并被后来的脑成像研究所证实(Dehaene 2009;Willingham 2009)。为了建立较强的阅读理解能力,学生必须掌握一套字母语言的组件阅读技能:语音意识(字母-声音关系的知识)、解码(单词发音)、单词识别(单词视觉阅读)、词汇知识(单词意义)、口语阅读流利性(速度和准确性)和理解力(理解)。掌握这些组件技能使读者能够完成各种读写要求,包括阅读以获取新信息,阅读以学习,为娱乐而阅读,为公民和宗教活动而阅读以及为交流而阅读(符号、信件、文件、杂志、小册子、电子邮件和短信)。快速阅读技能评估和校外读写能力评估测量单个组件的技能。

卢旺达的快速阅读技能评估

快速阅读技能评估是作为 Akazi Kanoze("干得好",卢旺达语)项目的一部分而开发的,该项目旨在为 14 至 35 岁的卢旺达青年提供与市场相关的生活和工作准备培训、实践学习机会以及与就业和自我就业市场的联系。从 2009 年到 2016 年,该项目为基本技能薄弱的项目参与者提供了读写和算术能力的指导。

快速阅读技能评估的描述

快速阅读技能评估类似于低年级阅读评估中字母识别和常见单词阅读组件子测试的组合,以及广泛成就测验(Wide Range Achievement Test,WRAT)(Wilkinson 和 Robertson n.d.)的阅读子测试和真实单词版本的单词阅读效率测试(Test of Word Reading Efficiency,TOWRE)(Torgesen,Wagner and Rashotte,1999)的组合,所有这些都是衡量一个人阅读单个单词列表或阅读字母和单词列表的能力。快速阅读技能评估列表是一个连续统一体,它以字母和简单、常见的单词开始,并以复杂的、不常见的单词结尾。按照在 120 秒内正确读取的字母和单词的数量将得到 0 到 100 内的分数。在使用难度越来越大的单词时,快速阅读技能评估更类似于广泛成就测验和单词阅读效率测试 A 而不是低年级阅读评估的常见单词阅读组件子测试,它使用一个由常见单词组成的较短列表。表 1 是英文版快速阅读技能评估表的示例。

卢旺达快速阅读技能评估的单词是从小学最高年级使用的教科书中的单词列

表中随机选取的,这使得快速阅读技能评估能够衡量学生阅读他们在小学所接触的词汇范围的能力。对于为在扫盲班或非正规教育项目中获得阅读技能的青年或成人设计的快速阅读技能评估,单词列表可以从这些项目使用的文本中抽取。另一种可能的方法是,从青年或成人试图参加的培训项目所使用的材料中提取单词列表,这样可以更准确地评估他们阅读这些材料的能力。

表 1　卢旺达英语快速阅读技能评估

X	B	Y	G	N	P	Q	C	I	A	(10)
on	won			the		had		are		(15)
bed	put			bed		call		ago		(20)
met	any			hip		paw		send		(25)
tube	when			talk		days		book		(30)
food	than			felt		tall		howl		(35)
belt	feel			turn		hats		guns		(40)
mood	high			land		smile		quiet		(45)
power	named			guess		doing		crazy		(50)
color	chase			magic		night		going		(55)
light	didn't			those		storm		years		(60)
peace	liked			block		smile		sorrow		(65)
rivers	pillow			forced		fished		elders		(70)
deeper	bright			winter		drills		sleight		(75)
sitting	before			shovel		rotten		timely		(80)
ground	skyward			soaking		weeping		kitchen		(85)
parents	couldn't			grabbed		rolling		setting		(90)
general	release			silence		swerving		darkness		(95)
squawking	interfering			vermillion		surroundings		unmistakably		(100)

在评估过程中,潜在的项目参与者口头依次阅读 10 个字母和 90 个单词的列表。测试管理员使用相同列表的副本作为评分表。测试管理员标记潜在参与者在 120 秒内正确读取的每个字母和单词。如果测试者在 120 秒结束前连续出现 4 个错误,管理员就结束测试,以免使测试者感到沮丧或尴尬。一般公认的标准发音是不需要的;相反,如果发音符合任何地区口音,则认为响应是正确的。

快速阅读技能评估旨在评估一个人的视觉词汇量(即一个人不需要发音就能自动阅读的词)的大小。与评估其他组件技能(如词汇或理解)的测试相比,单词识别测试更易于设计、管理和评分。快速阅读技能评估的字母识别部分确保了只有初级阅读技能的考生能够证明他们是否真的已经发展了一些技能。

快速阅读技能评估的阅读评估方法假设计时单词阅读测试的分数是个人用真实文本完成任务的能力的代表。单词识别的速度和准确性是衡量阅读技能的良好指标,因为它们对阅读流利性至关重要,而反过来,流利性又是阅读理解的一个重要因素(Adams 1990;NRP 2000;Torgesen, Rashotte and Alexander 2001)。因此,学生在单词识别测试中的分数应该随着学生阅读技能的提高而提高。然而,具有透明正字法的语言中的单词阅读测试,例如西班牙语或印地语——其中每个字母或字母组合都具有独特且均匀的发音——与阅读理解的关系可能不如英语或法语等有更复杂的正字法的语言那样密切。在具有透明拼字法的语言中,读者几乎能读出该语言中的任何单词,不管他们是否知道该单词的含义,或者是否在有意义的上下文中遇到过该单词。

如何开发快速阅读技能评估

在卢旺达,快速阅读技能评估是用卢旺达语和英语两种语言创建的,使用的词汇来自小学五年级的教科书。工作假设是,这些书包含了潜在参与者在小学时读过的单词。这些书已经采用了数字格式,可以轻松生成文本中出现的所有独特单词的列表,无论出现过多少次,每个单词只会列出一次。计算机程序根据文本中的频率对单词进行排序——从高频单词到低频单词。然后,测试开发人员从长频率列表中随机选取 90 个单词,从字母表中随机选取 10 个字母。最后,随机选取的单词按长度顺序排列,通常较长的单词通常更难读,也不如短单词常见。这种方法并不能自动解决异常现象,例如较长的常用词或较短的不太常用词,但设计团队可以识别出这些异常词语,将其删除,并用从教科书词汇表中随机选择相似长度的词语替换它们。这个过程的结果是为每种语言列出有 10 个字母和 90 个单词的列表。

卢旺达语和英语的快速阅读技能评估都是在一所表现优异的小学对一至六年级的学生进行的现场测试。在现场测试中,34 名学生参加了卢旺达语版本的测试,35 名学生参加了英文版本的测试。这两个样本几乎在男孩和女孩之间被平均分配。每个年级的平均分从一年级到六年级是递增的。这些结果使测试开发团队相信测试能够衡量真正的能力差异,因为平均分数随着教育水平的提高而增加。表 2 提供了每个年级的平均测试结果。

表 2　一至六年级平均测试成绩

年级	卢旺达语	英语
小学一年级	05.75	1.50
小学二年级	65.63	39.10
小学三年级	71.75	44.00
小学四年级	82.75	67.20
小学五年级	87.80	72.75
小学六年级	94.40	83.78

在现场测试之后,教育发展中心对所有进入新一轮 Akazi Kanoze 培训的潜在参与者进行了快速阅读技能评估。测试用的是卢旺达语,因为政府最近才将英语作为

教学媒介语。参与者的受教育程度从二年级到中学毕业。与第一次现场测试的参与者不同,这些年轻人上过不同质量的学校。表3显示了每个年级组的平均得分、范围和标准差。

表3 平均成绩、成绩范围和快速阅读技能评估结果标准差

年级	平均成绩	范围	标准差
小学二年级	83.75	65—100	17.60
小学三年级	84.20	46—100	22.72
小学四年级	82.81	14—100	21.91
小学五年级	82.13	38—100	17.72
小学六年级	78.75	36—100	21.35
中学二年级	60.83	0—88	24.80
中学三年级	68.79	0—100	30.80
中学四年级	76.70	49—100	13.31
中学五年级	82.67	75—89	7.09
中学六年级	91.63	40—100	13.62

快速阅读技能评估的平均分数没有随着年级教育水平的提高而增加。这一发现,再加上相同教育程度的青少年的分数范围广、标准差大,表明了学校质量的变化幅度。因此,这些数据表明,快速阅读技能评估分数比正规教育水平更能准确地反映矫正阅读教学的必要性。

利比里亚校外读写能力评估

基于其在开发快速阅读技能评估方面的经验,以及受美国国际开发署对可以作为衡量项目影响的类似低年级阅读评估测试的兴趣的推动,教育发展中心开始开发针对青年和成人的评估,此项评估将提供低年级阅读评估为在校儿童评估项目同样的广泛信息。如下文所述,教育发展中心组建了一个专家顾问小组,审查了快速阅读技能评估方法,并帮助教育发展中心开发了更全面的校外读写能力评估。校外读写能力评估的目的是评估美国国际开发署利比里亚推进青年项目(USAID Liberia Advancing Youth Program)的参与者,该项目旨在帮助青年提高他们的读写能力、算术能力、生活技能和工作准备能力。

校外读写能力评估的描述

校外读写能力评估是基于现有儿童、青年和成人读写能力评估工具的一系列评估。教育发展中心设计了校外读写能力评估,明确用于生活在极端贫困或后冲突环境(如利比里亚)中读写能力有限的边缘化青年。电子校外读写能力评估是该测试的一个版本,设计用于在数字平板电脑上运行。在为校外读写能力评估开发组件和个人读写能力项目时,教育发展中心试图选择能够由评估人员准确可靠地评分的测试,例如利比里亚的评估人员,他们不是经过培训的阅读专家,而且可能没有进行标准化测试的经验。此外,教育发展中心还考虑了测试管理员在利比里亚等发展中国家经常遇到的具有挑战性的现场条件。

校外读写能力评估和电子校外读写能力评估由一份背景调查问卷和字母命名、辅音字母发音、真实世界项目、单词阅读(RARS)、口头阅读准确性和流利性、口头阅读理解和默读理解的子测试组成。包含真实世界的项目可以评估参与者浏览日常环境印刷品(钱、产品标签、标识和简单医疗说明书)的能力。每个子测试都易于管理,并且可以通过项目人员在资源匮乏的环境中工作来准确评分。已经接受过两到三天培训和监督反馈的测试管理员可以准确可靠地对校外读写能力评估进行一对一的管理。当通过现场的平板电脑管理电子校外读写能力评估时,评估可以通过电子方式进行评分,并且在可以使用互联网连接的地方,可以立即将结果上传到中央数据库。

通过随机抽样进行管理

由于校外读写能力评估是作为评估参与推进青年项目对阅读技能的影响的基线和终端测试而开发的,所以它可以应用于该项目中的每一个青年。然而,教育发展中心决定仅测试一个青年样本便可提供对整个人口的准确评估,并且将更具成本效益。为确保准确性,样本量采用了标准统计方法来确定。作为所使用的典型抽样程序的一个例子,2015—2016 年利比里亚电子校外读写能力评估管理部门从 5 649 名青年中随机挑选了 642 名项目参与者。样本包括来自利比里亚 5 个县的参与者,他们来自农村和城市地区。样本大小是基于以下输入确定的:配对 t 检验、单侧检验、效应大小=.35,α=.005,β=.8,并且在基线和最终评估之间的损耗高达 40%。

校外读写能力评估的专家小组审查

在对利比里亚 2000 多名项目参与者实施校外读写能力评估之后,统计学家对数据进行了分析,教育发展中心召集了一个专家小组来审查评估的所有方面。该小组包括来自国际评估、心理测量学、成人读写能力和第二语言习得领域的专家。(专家小组来自应用语言学中心;联合国教科文组织的扫盲评估和监测计划,以及全球评估教育测试服务中心。其中包括几位学术阅读专家和心理测量学家,以及在欠发达国家,包括在冲突和/或危机影响的环境中有经验的国际和美国专家。)

根据专家组的建议,教育发展中心在评估中做出了以下改进:加强了背景调查问卷,修改了一些测试项目,改变了子测试的顺序,在不影响信度和效度的情况下缩短了测试的某些环节,基于比较项目重新分析了先前收集的数据。该小组还就如何加强对校外读写能力评估测试数据的统计分析提出了建议。

校外读写能力评估的组成部分

背景调查问卷(BQ)与国际成人能力评估项目和扫盲评估和监测计划等大规模国际成人读写能力调查所使用的问卷类似。研究人员使用问卷调查数据来描述项目参与者,并比较他们的人口统计特征与阅读能力。他们可以调整背景调查问卷,以满足正在实施校外读写能力评估的每个国家和每种语言的需求。背景调查问卷还可以包括针对特定教育干预的附加问题。例如,利比里亚的一个试点项目正在使用手机应用程序进行教学,这增加了有关手机所有权、访问权限和使用权的问题。

由于许多失学青年和成人不识字或读写能力有限,测试人员会对每位参与者口头执行背景调查问卷。校外读写能力评估背景调查问卷采集到:(1)人口统计数据(年龄、性别、婚姻状况、子女数量、农村或城市居住地);(2)收入和生计来源;(3)母语(家庭用语)和任何其他使用语言;(4)参与者在各种社区和工作环境中所说的和所阅读的语言;(5)教育背景(正式和非正式教育以及单语或多语教学的年限)。

在利比里亚的案例中,背景调查问卷揭示了一个意想不到的结果:如表 4 所示,只有 16.9%的项目参与者报告在家里说利比里亚英语,而其余的人报告说各种其他语言。几乎 96%的人报告说在学校用英语授课,这意味着,当他们作为孩子上学时,许多人可能不懂教学语言。

表 4　学校、家庭和工作语言

	学校	家庭(%)	工作(%)
阿拉伯语	1.1	0.0	0.0
巴萨语	0.0	12.5	5.3
英语	96.0	16.9	54.4
法语	1.9	0.0	0.2
吉奥语	0.0	6.2	5.0
克佩列语	0.8	29.0	18.9
洛马语	0.0	6.2	2.5
曼丁哥语	0.0	4.7	1.4
马诺语	0.0	12.6	7.6
其他	0.2	11.9	4.7

校外读写能力评估的组件子测试与字母语言阅读能力的发展具有很强的预测关系。第一个组件——准确和自动的字母命名——表明读者可以立即识别字母和字母串,这是将字母符号(字形)转换为它们所代表的声音(音素)以及在阅读时识别字母串、音节和单词的先决条件(Adams 1990;NRP 2000)。对于校外读写能力评估

的字母命名组件,测试者为每个参与者提供一张卡片,卡片上随机排列着字母表中的小写字母,并指示他/她尽快说出字母的名称而不出错。此活动不计时,除非参与者识别一个字母的时间超过五秒钟,测试人员会要求他/她跳过并尝试下一个字母。(事实证明计时是很难的,字母命名的计时测试通常仅用于诊断学习障碍。)如果参与者对连续五个字母做出错误的反应或者无法做出反应,则测试人员终止评估。

当用字母符号表示时,提供辅音字母发音的能力也与许多字母语言的早期阅读成功高度相关(Adams 1990;NPR 2000)。对于校外读写能力评估的字母-声音组件,测试者向参与者提供显示小写字母的卡片,随机排列在页面上,并再次指示参与者尽可能快地说出字母的发音而不出错。与第一个组件一样,此活动没有计时,除非参与者花费超过五秒钟来发出一个字母的音,测试者要求他或她跳过它并尝试下一个字母。如果参与者对连续五个字母的反应不正确或无法做出反应,测试人员将结束评估。

对于具有透明正字法的语言,例如西班牙语,孤立地发出单个字母声音的能力不那么重要,因为儿童经常被教导通过使用语言的规则辅音/元音模式(称为"声母"和"韵母"模式)作为单位(例如:ba-、ca-、da-、fa-、ga-)来成功阅读。如果设计师要为西班牙语或类似的语言开发校外读写能力评估,则必须评估声母和韵母模式,而不是孤立的字母发音,或者评估除孤立的字母发音以外的模式。

校外读写能力评估设计者考虑了将书面语言解码为声音能力的其他有效指标,但由于难以可靠地评估这些指标而拒绝了它们。例如,语音混合能力(/b/-/a/-/t/=/bat/)与早期阅读成功高度相关(Adams 1990),但它要求测试者以相同的方式向每个参与者发出刺激声音,校外读写能力评估设计者认为这在现场条件下很难做到。设计人员还考虑了伪词阅读(阅读非真实的可解码单词)(例如,英语评估中的prake 或 durlanker),这是一种公认的测试解码能力的方法,并用于低年级阅读评估和其他儿童的评估。然而,本文的合著者之一约翰·斯特拉克帮助开发了联合国教科文组织的扫盲评估和监测计划评估,他的同事报告说,在试点测试期间,一些成人认为当被要求阅读不真实的单词时,他们被取笑了(Cardoso 2012)。校外读写能力评估审查小组确认了不在最终版本的评估中包括伪词阅读的决定,因为这可能会冒犯一些青年参与者。

单词阅读测试组件是许多读写测试单元的常见组件,包括低年级阅读评估和教育年度报告。它是解码能力的重要衡量标准,因为参与者必须孤立地发音,而不是在有意义的文本中可以借助上下文语境来解码的发音。对于这一组件,利比里亚校外读写能力评估利用快速阅读技能评估方法从青年就业技能课程的文本中随机抽取单词。测试人员要求测试参与者尽快阅读这些单词而不出错;分数是在限定时间内正确读取的单词总数。测试人员给参与者最多五秒钟读取每个单词,并在六个连续错误或六个未读单词后停止测试。这些单词仅从项目课程材料中取样,这意味着除了表明参与者的一般解码能力之外,该测试还直接反馈了她或他能够阅读课堂材料的能力。这种预测功能使校外读写能力评估的单词阅读子测试成为一种精确分班的有用工具。

在利比里亚案例中,教育发展中心开发了 100 个词的真实单词阅读测试的两种形式 A 和 B,并对 2000 多名参与者进行了测试。根据审查小组的建议,教育发展中心使用项目响应数据设计了一个更短的快速阅读技能评估,它由三个包含简单、中等和更难的 15 词列表组成。这使得能力较差的读者免于面对令人生畏的 100 单词列表,并帮助项目人员根据参与者在真实单词阅读测试的三个级别上的表现建立有意义的学习者基准。虽然 A 和 B 形式由各种不同的词组构成,但它们是等效的,因此可以作为前测与后测的工具。

校外读写能力评估的两篇口语阅读精确性文章处于基础阅读水平:一篇 33 个词的文章大致相当于年级相应分级(GE)1,一篇 83 个词的文章大致相当于年级相应分级 2。两篇文章的内容都很常见也很直白,包括关于青年重返训练的简单故事。当在平板电脑或笔记本电脑上使用电子校外读写能力评估进行口语阅读测试时,可以获取参与者阅读每篇文章所需的总秒数,并由此计算出每分钟口语阅读单词数的成绩。然而,审查委员会建议,对于阅读能力较弱的青年来说,关注阅读的准确性(正确阅读的单词数)比关注速度(每分钟单词数)更合适。因此,校外读写能力评估的口语阅读分数只能记录正确阅读的单词数量。除了评估口语阅读的准确性之外,测试者还通过每篇文章后面的五个理解问题,采用口头问答的方式来跟踪阅读理解。

校外读写能力评估的开发人员设计了真实世界的阅读项目,以粗略估计年轻人在日常生活中如何使用阅读。这与国际成人能力评估项目和扫盲评估和监测计划采用的方法相同。第一项是纸币的图片。测试人员口头询问参与者该账单的价值。几乎所有参与者都能正确回答这个问题。第二项是一袋大米的图片,上面有文字,显示了它的内容、品牌名称和袋子的重量。然后测试者告诉参与者以下内容:"这是一袋大米的图片。请圈出单词 rice。"正确回答需要有能力从袋子上的其他词语中找到测试人员读过的常用词(rice)。第三项稍微难一些,因为测试管理员不发目标词的音。这是一张三座建筑物的图片,每个建筑物都有一个标语印在门上方("城市银行""警察局"和"卫生所")。测试者口头要求参与者圈出建筑物,如果一个人感到不舒服,那么他会去哪里。第四项就更难了。这是一张可能出现在银行大门上的标志图片,上面显示银行开门的日期和时间。它代表了在利比里亚蒙罗维亚拍摄到的真实标识的略微简化版本。在解释这是银行门上的标志图片后,管理员会口头提出两个问题。第一个问题只要求参与者找到一条直接陈述的信息:"银行周五什么时候关门?"第二个更具挑战性的问题是,"银行周三什么时候开门?"这两个问题都需要熟悉使用破折号表示银行何时开门和何时关门的标志惯例,但第二个问题还要求熟悉使用破折号来表示属于系列未命名的日期的惯例。图 1 是这个标志的示例。

银行营业时间

周一——周四

上午 8:00—下午 2:00

周五

上午 8:00—下午 2:30

图 1　银行标志

第五项,一个略微简化的药瓶标签,是现实生活阅读项目中最难的。在解释了该项目内容后,管理员提出了两个问题:(1)"一名男子头痛,并在早上 8 点服用两片阿司匹林。如果他仍然头疼,他多久可以服用更多的阿司匹林?"(2)"你应该给 6 岁儿童多少片药?"图 2 是这个标签的示例。

阿司匹林用药说明

成人:1—2 片,用水送服。用量可每 4 小时重复一次,24 小时内不得超过 12 片。

12 岁以下儿童:请咨询医生

重要提示:如果怀孕或哺乳,请在使用前咨询医生。

图 2　药瓶标签

这两个口头问题都具有挑战性,因为它们涉及熟悉技术词汇("剂量""超过"和"咨询"),而且它们要求参与者根据隐含的信息进行推断,而不是直接陈述的信息。

校外读写能力评估的默读理解部分包括两篇短文的默读,第一篇大约在年级相应分级 4—5,第二篇大约在年级相应分级 6—7。每篇文章的长度大约为 100 个单词,每篇有 5 个多项选择题。参与者最多用 5 分钟时间来阅读每篇文章并回答问题。校外读写能力评估的默读评估的作用是确定那些阅读技能可以保证他们进入中等教育课程而不是基础读写课程的参与者。中等教育课程包括学习历史、科学、数学和艺术。因此,在这些课程中取得成功的先决条件是能够利用阅读来获取新的内容信息和技能;也就是说,能够通过阅读来学习。校外读写能力评估的默读理解文章对参与者来说是可理解的,但又不是那么熟悉。校外读写能力评估这部分的目标是评估参与者是否能够理解和使用新信息。由于文章和多项选择题都不需要广泛的校本背景知识,因此参与者可以仅根据文章中所包含的信息来回答问题。然而,由于它们涉及健康信息(例如登革热或百日咳)或基础科学(例如盐从何而来或如何挖井以获得安全用水),大多数参与者不太可能熟悉这些文章的主题。

可靠性分析在校外读写能力评估的基线和终端测试中单独进行,以检查每个版本中的项目和子测试在多大程度上是一致的。我们使用克朗巴哈系数(Cronbach's alpha)来判断内部的一致性和可靠性,这是项目之间成对相关性的结果。克朗巴哈系数值范围从 0 到 1,其中 0 表示测试项目之间没有任何相关性,1 表示项目之间的完全相关性。相关性为.7 或更高是可接受的可靠性级别。对校外读写能力评估的分析发现,基线测试的克朗巴哈系数为.886,而终端测试为.853——这说明每个版本中各个项目和子测试之间具有很强的内部一致性。对校外读写能力评估而言,这意味着参与者在测试的任何一部分上的表现可能与她或他在其他部分的表现一致。

如何使用校外读写能力评估为利比里亚的成人基础教育建立数据驱动的基准

推进青年项目的阅读课程分为三个级别:1 级(初级和新兴读者),2 级(相当于年级相应分级 2—3 读者)和 3 级(年级相应分级 4 及以上读者)。2015 年,教育发展中心利用来自 975 名项目参与者的基线和终端数据,为每个级别构建学习基准,这些基准以校外读写能力评估对参与者进度的测量为基础。教育发展中心从一个基准的工作定义开始:为达到每个级别的完成标准,参与者需要取得每个校外读写能力评估组件的最低分数——这是推进青年项目、教育部和美国国际开发署都同意的分数。基准测试的目标是:(1)报告基金资助机构要求的项目指标;(2)向推进青年技术团队通报课程、材料和其他可交付成果发展的最低标准;(3)向利比里亚教育部提供衡量青年读写能力和制定后续基准的程序和工具。

教育发展中心确定了校外读写能力评估系列的哪些子测试——基于它们与整体阅读性能的密切关系以及三个利益相关者对它们的重视程度——在开发每个基准测试时最有用。最重要的子测试是评估在正确读取单词情况下的口语阅读流利程度,对口头阅读文章的理解以及默读理解。

教育发展中心检查了参与者在三个等级中每个级别开始和结束时的平均分数和分数分布,以确定参与者在下一个等级取得成功需要哪些技能。例如,在第一个口语阅读流利性故事中,进入 2 级的参与者平均答对 33 个单词中的 31 个,答对 33 个单词中的 20 个或更多的人占 94%。由于 1 级参与者需要具有相当的技能才能在 2 级中取得成功,因此教育发展中心将 1 级学习者建议的退出基准设置为 33 个单词中答对 20 个单词。对于口语阅读文章之后的理解问题,2 级初始阶段的学习者在五道题中平均答对三道。因此,教育发展中心为 1 级学习者进入 2 级所建议的基准设置为答对五道问题中的三道。

从项目评估目的来看,重要的是要知道预期达到基准分数的参与者的百分比。在上面的例子中,参与者分数分布的数据显示,25% 的 1 级参与者可以预期在周期结束时达到 33 个单词中至少答对 20 个单词的基准。1 级被证明是最难评估的,因为进入该级别的参与者中有很大一部分是完全不能读写的,而且超过 47% 的参与者在完成 1 级后仍然无法阅读口语阅读故事中的任何单词。

仅对 1 级参与者,测试设计者为字母命名提出了额外的基准,因为它是一项重要的早期阅读技能。注意到进入 2 级的参与者几乎完全掌握了这项技能,设计师为 1 级参与者设置了一个退出基准,那就是在 26 个字母命名中答对 25 个。2 级和 3 级参与者都非常精通口语阅读,所以在为他们制定基准时,这个组件就不那么重要了。

3 级参与者的关键组件是默读理解。由于进入 3 级的参与者在默读理解文章的五个问题中能平均答对四个问题,因此设计者根据这一分数为即将进入 3 级的 2 级学习者设定了退出基准。从项目评估目的来看,2 级参与者的分数分布表明,90% 的参与者可以从五个默读理解问题中获得四个正确答案的基准分数。

讨　　论

快读阅读技能评估是一种简单、快速的评估工具。校外读写能力评估是一种更全面的测试,可提供更广泛的信息。从校外读写能力评估的评估数据和背景调查问卷能够得到一些与教学和程序设计特别相关的见解。评估数据显示,参加课程的学习者有三种不同的读写水平:(1)非读者,(2)新兴读者,(3)年级相应分级 1—2 的读者。在每个级别中,都出现了重要的细节。例如,校外读写能力评估发现,即使是更高级的年级相应分级 1—2 的读者,在字母命名和发音方面也存在弱点,这表明有必要加强这些领域的读写课程,并在该项目的就业技能课程中解决这些问题。来自若干基线和终端的校外读写能力评估测试的数据使项目能够根据学习者进度的实际测量值设定基准。通过比较校外读写能力评估各个组件的性能,我们也得出了见解。例如,研究发现,高解码能力与默读理解能力密切相关:在单词阅读(RARS)子测试中得分高的参与者可能在默读理解文章中表现较好。有研究支持这一发现(Carver and David 2001)。

背景调查问卷的人口统计数据也显示出重要的启示。例如,在推进青年项目的所有参与者中,将近 80% 的参与者和超过 90% 的女性参与者报告称他们至少是一个孩子的看护人(教育发展中心 2016),这表明上课见面次数应该考虑到这种养育方式,也许可以考虑为这些父母提供托儿服务。比预期更多的参与者不是以标准英语(该项目的教学语言)或利比里亚英语为母语的人。一些参与者是非英语邻国的战争难民,有些人主要讲非洲土著语言。因此,该项目已开始对英语听力技能进行简要评估,以便更好地了解缺乏英语能力的人群,并对课程和教师培训进行修改,以便更好地为学习者服务。

教育发展中心专门为年轻人创建了快速阅读技能评估和校外读写能力评估。由于快速阅读技能评估从测试者已经接触过的小学教科书中提取单词表,因此它比基于常用单词表的考试更能准确地反映学生在校的成绩。校外读写能力评估包含了一些为学龄儿童设计的测试中所没有的功能。首先,校外读写能力评估的主题是关注成人的经历和目标。口语阅读和理解故事是关于年轻人返回学校或报名参加工作准备课程,而校外读写能力评估的现实生活主题是基于与成人生活相关的背景,包括那些与钱、产品标签、标牌、短信和药物服用说明书有关的内容。

其次,由于校外读写能力评估的单词阅读子测试使用快速阅读技能评估方法,所以子测试中的单词是直接取自教师期望参与者在课堂上阅读的工作准备和生活技能材料,而不是从常用单词表或儿童教科书中选取的。因此,教师可以确信成人学习者在校外读写能力评估的单词阅读测试中的熟练程度是他们处理课堂阅读作业能力的可靠指标。

第三,与幼儿不同,成人注册者具有多种角色,如工人、父母、看护人和公民。校外读写能力评估背景调查表收集了与理解青年和老年人所面临的挑战有关领域的数据:他们的就业历史和婚姻状况,他们照顾的儿童人数,他们的教育背景,以及他们的母语和语言历史。项目管理人员和教师可以分析这些背景信息来改进推广工作、教学设计和课程材料,从而提高保留率和成功率。

结　　论

快速阅读技能评估被证明是一种成本低廉、易于开发的衡量阅读技能水平的方法,目的是将青年分配到一个级别,或评估他们是否已经准备好接受生计培训。快速阅读技能评估和校外读写能力评估是可以帮助改进和促进青年技能培训项目的工具。当快速阅读技能评估和校外读写能力评估从项目课程材料中提取单词和阅读文章时,评估会立即反馈哪些项目参与者可以在入学时阅读课程材料,哪些参与者在开始就业准备或职业技能培训之前可能需要基本的阅读指导。

由于快速阅读技能评估对于任何书面语言的定制和使用都很便宜,因此它也可以在任何使用读写技能作为控制变量的研究或评估中作为阅读技能的衡量标准。例如,公共卫生运动的成效可能受到目标受众成员阅读能力的影响(LeVine,LeVine,Schnell-Anzola,Rowe 和 Dexter 2012)。研究人员还可以使用快速阅读技能评估的评分来评估读写技能改变行为和态度的健康状况的贡献。子测试的其他配置可以服务于其他目标。例如,教育工作者现在正在使用快速阅读技能评估和埃塞俄比亚校外读写能力评估的现实生活阅读项目对特定地理区域的青年读写技能进行简要描述,并为参加生计技能项目的青年制定有关基础扫盲班开发的项目决策。

校外读写能力评估已被证明是实现多个目标的相对便宜的方式。它可以提供有关项目有效性的结果数据,并提供有关年轻人人口统计特征的新见解。它还可以提供有关教学水平,参与者在阅读的各个组件中的优势和需求以及组件之间的关系的信息。最后,校外读写能力评估使得开发基于基线/终端成果数据的学习基准成为可能。

快速阅读技能评估和校外读写能力评估可以扮演低年级阅读评估和教育年度报告在低年级阅读项目中所扮演的角色。快速阅读技能评估和校外读写能力评估生成的数据可能有助于项目的实施、改进和推广,这反过来可能会导致对青年教育投入的增加,而这些青年很少或根本没有接受过教育。

(严伟剑　译)

参考文献

Adams,M. A. (1990). *Beginning to read*. Cambridge,MA:MIT Press.

ASER Centre (2014). *Annual status of education report (rural) 2013*. New Delhi:ASER Centre. http://img. asercentre. org/docs/Publications/ASER% 20Reports/ASER _ 2013/ASER2013_report%20sections/aser2013fullreportenglish. pdf.

Cardoso,M. (2012). Personal conversation at the Literacy Assessment and Monitoring Programme (LAMP) Global Advisory Board meeting,Montreal,13 September 2012.

Carver,R. P. ,& David,A. H. (2001). Investigating reading achievement using a causal model. *Scientific Studies of Reading*,5,107 - 140.

Dehaene,S. (2009). *Reading in the brain:The science and evolution of a human invention*. New York,NY:Viking.

EDC [Education Development Center] (2016). *USAID/Liberia Literacy Assessment Final Report*. Waltham,MA:EDC.

Gove,A. ,& Wetterberg,A. (2011). *The Early Grade Reading Assessment:Applications and interventions to improve basic literacy*. Research Triangle Park,NC:RTI Press. http://www. rti. org/sites/default/files/resources/bk-0007-1109-wetterberg. pdf.

Guadalupe,C. ,& Cardoso,M. (2011). Measuring the continuum of literacy skills among adults: Educational testing and the LAMP experience. *International Review of Education*,57(1/2),199 - 217.

LeVine,R. ,LeVine,S. ,Schnell-Anzola,B. ,Rowe,M. L. ,& Dexter,E. (2012). *Literacy and mothering:How women's schooling changes the lives of the world's children*. Oxford:Oxford University Press.

Mullis,I. V. S. ,& Martin,M. O. (Eds.) (2015). *PIRLS 2016 assessment framework* (2nd edn.). Chestnut Hill,MA:TIMSS & PIRLS International Study Center,Boston College. http://timss. bc. edu/pirls2016/framework. html.

NRP [National Reading Panel] (2000). *Teaching children to read:An evidence-based assessment of the scientific research literature on reading and its implications for reading instruction*. Washington,DC:National Institute of Child Health and Human Development. http://www. nationalreadingpanel. org/Publications/citation_examples. htm.

OECD [Organization for Economic Co-operation and Development] (2013). *Skills outlook 2013:First results from the survey of adult skills*. Paris:OECD.

Torgesen,J. K. ,Rashotte,C. A. ,& Alexander,A. W. (2001). Principles of fluency instruction in reading:Relationships with established empirical outcomes. In M. Wolf (Ed.),*Dyslexia*, *fluency and the brain*. Timonium, MD: York Press.

Torgesen, J. K., Wagner, R. K., & Rashotte, C. A. (1999). *Test of Word Reading Efficiency* (*TOWRE*). Austin, TX: PRO-ED. http://www. proedinc. com/customer/productView. aspx? ID=5074.

Wilkinson, G. S., & Robertson, G. J. (n. d.). *Wide Range Achievement Test 4* (WRAT4). http:// www. pearsonclinical. com/education/products/100001722/wide-range-achievement-test-4-wrat4. html.

Willingham, D. T. (2009). Three problems in the marriage of neuroscience and education. *Cortex*, *45*, 544 – 545.

印度读写教育的成就：人口统计学方式的评估

瓦恰斯帕蒂·舒克拉　乌达雅·S·米什拉*

在线出版时间：2018 年 3 月 7 日

摘　要　本文以年龄分组的视角评估了印度各邦在通识教育上取得的进展。文章指出：使用年龄分组式分析可以提供一种鲁棒式评估(Robust Method)来认识和理解通识教育成就的发展态势。本文清晰地指出以下事实：尽管印度已经达成了全民基础教育这一成就，但想要实现全民通识扫盲这一目标依然非常困难，因为印度仍然有数量庞大的学龄年龄段以外的文盲群体。因此，本文建议印度应当提供一种有效的成人通识扫盲教育项目来配合全民普及基础教育，并以此来实现全民通识扫盲这一目标。此外，本文还认为：以平均通识率为基础的对比分析引导学者在计算"通识剥夺指数"时根据年龄结构做出了调整——而这种调整致使笔者所计算得出的印度各邦通识率邦际差距比真实数值大，因为这种调整往往设定了更低的取值。这种最低标准化，与人口的年龄结构一起，为该常用指数提供了一种有效的对比方法。印度通识教育的发展前景也在很大程度上取决于现今人口年龄结构的新兴变化，对这种变化的认识源自正在不断被披露出来的人口统计学意义上的变迁。

关键词　通识能力　年龄分组　组间差异

＊　原文语言：英语

瓦恰斯帕蒂·舒克拉(印度)

　　印度古吉拉特邦艾哈迈达巴德市萨达尔·帕特尔经济与社会科研研究所经济学助理教授。他在新德里的贾瓦哈拉尔·尼赫鲁大学获得哲学硕士学位和博士学位，在印度瓦纳拉西市贝拿勒斯印度教大学获得文科(经济学)硕士学位。他的主要研究方向包括教育中的经济学、贫困以及不平等。

　　通信地址：Sardar Patel Institute of Economic and Social Research, Thaltej Road, Near Door DarshanKendra, Ahmedabad, Gujarat 380054, India

　　电子信箱：vachaspatishukla@gmail.com

乌达雅·S·米什拉(印度)

　　印度喀拉拉邦特里凡德琅市发展研究中心统计学家/人口统计学家。他的研究贡献非常宽泛，主要包括以下领域：人口老龄化、健康卫生、营养，以及人口政策和项目评估。当下他的研究方向包括健康和教育领域相关事宜的测量，并以结果评估中的公平性问题为研究焦点。

　　通信地址：Centre for Development Studies, Trivandrum, Kerala 695011, India

　　电子信箱：mishra@cds.ac.in

通识率,其定义是人口中有多大比率能够理解并读写任意一门语言。通识率是用来评估和比较不同地区之间在教育发展上所取得的成就和进展的最简单也是最广为使用的指标。联合国发表的《世界人权宣言》中将通识教育视为每个公民的一项最基本权利。

印度每 10 年举行一次人口普查,以此来为调研国内的通识率和整体教育成就提供丰富可信的信息来源。根据这种人口普查得到的信息可知,印度全国的通识率从 2001 年的 64.8% 上升到了 2011 年的 74%(RGI 2011a)。值得注意的是,这一数值在那些欠发达的各邦,例如比哈尔邦、恰尔肯德邦和北方邦,发生了更大的变化,因而导致了不同邦之间的差距在这一维度出现了下跌。尽管这是一种受人欢迎的趋势,但是任何基于整体水平所作出的有关通识率进展的观察,如果没有把不同年龄分组之间的组间差异考虑在内的话,则都有可能具有一定的误导性。此外,任何有关如何提升通识水平的政策建议都需要对不同年龄分组之间的通识水平分布情况进行充分的事先调研。

以此为背景,本文将尝试对印度全国各邦开展一次基于特定年龄段的通识率的调查分析。在此研究过程中,本文开发出了一种对年龄进行调整后得出的通识指数。这一指数为印度全国各邦的通识率水平提供了一种符合实际的对比方式,并且充分考虑了各邦人口在年龄结构构成上的差异。本文的第二部分将讨论印度自独立以来的通识教育政策。本文的第三部分将详加阐述和分析基于特定年龄的通识教育及其对政策制定的影响。本文的第四部分将计算对年龄进行调整后的通识剥夺指数,并对各邦之间的差异运用鲁棒法(Robust)来进行评估。在本文的结尾部分将给出本文的研究发现,并对通识教育的政策制定提供一些洞见。

印度的通识教育政策

在印度刚刚独立建国之际,该国的宪法制定者就充分认识到了教育在该国社会经济发展中将会扮演重要角色。然而对印度而言,为每一个公民提供基本的读写通识能力教学是一场堪比赫拉克勒斯一般的艰巨任务,因为该国公民中存在着非常高比例的未受教育人群。根据印度独立后在 1951 年所开展的第一次人口普查结果显示,当时非文盲的人口比例仅占印度人口的 18.3%(RGI 2011a)。政策制定者强调指出,为实现全民通识教育,需要为 6—14 岁的儿童提供普及基础教育,并向 15 岁及以上年龄的印度公民提供成人教育。

印度宪法第 45 条款规定必须向 0—14 岁儿童提供免费义务基础教育。这条政策背后的潜在前提假设似乎是:扩大基础教育将会最终解决所有人群的文盲问题。印度在其于 1986 年颁布的国家教育政策预期:到 1990 年为止将会实现全民基础教育。这一政策于 1992 年被修订,并包含了两项独立的政策动议,即普及小学教育

(SSA)和午餐计划(MDMS)。此后，印度国会于 2002 年通过了印度宪法的第 86 条修正案，把基础教育规定为一种基本公民权利(第 3 部分，第 21A 条款)，把为 6—14 岁儿童提供受教育机会规定为家长或其他类型监护人的基本义务(第 15A 条款)。印度的《受教育权法案》于 2010 年 4 月生效；所有印度儿童都享有接受 8 年高质量基础教育的基本权利。在一系列的政策干预和宪法条目修订的共同作用下，全民基础教育(UEE)正在印度成为现实。

至此，全民基础教育(UEE)终于在印度独立漫长 60 年之后达成——而非最初所预期的十年内。但由于在通识教育规划的早期阶段缺乏对成人通识教育任务的计划和开展，印度的全民基础教育(UEE)并没有帮助印度实现全民扫盲。在 20 世纪 60 年代中期，印度教育委员会主席 D. S. 科塔里曾一再强调印度亟需开展成人教育。印度教育委员会曾经中肯地评价道："印度在 1961 年所拥有的文盲比 1951 年还多，这 10 年间的文盲人数增量大约为 3 600 万"(GOI 1966)。这一论断也能用来表述 1971 年、1981 年和 1991 年的通识率状况。因此本文可以得出以下结论，从绝对数值上来说，印度 1991 年的文盲率远高于其在独立前的数据。更快的人口增长率驱使着印度反而愈加背离其试图实现全民扫盲的努力。

1978 年是印度成人教育史上的一个重要里程碑，印度有史以来第一次制定了上下一致的全国政策，以期能为数以百万计的 15—35 岁的文盲成人提供教育。《印度成人教育国家政策宣言》掷地有声："印度政府将发起一场构思明确且计划完备的不懈奋斗来消灭文盲现象，并以此帮助广大群众在印度的社会文化和经济转型中扮演更为积极的角色"(Biswas and Agrawal 1986，p. 525)。为了实现这一社会文化和经济转型，印度政府在 1978 年 10 月 2 日发起了"印度国民成人教育项目(NAEP)"。接着，印度政府又在 1988 年 5 月 5 日发起了"全国通识教育任务(NLM)"，并将初始目标设立为到 1995 年止帮助 15—35 岁年龄组的 8 000 万印度国民实现通识教育扫盲。印度政府之后又对这一目标进行加码，期望能够到 1997 年底将这一目标提高到 1 亿人口，并且希望到 2007 年底能够把印度的通识入门水平提高到 75％。此外，印度政府还为第 11 个五年计划(2007—2012)设定了一个全民 85％人口扫盲的目标。但正和过往一样，这些目标印度一个都没有实现：直到 2011 年，印度的全国扫盲率也只有 74％。由于印度未能实现自身所设立的通识率目标，因此印度依然存在着大量的文盲人口。2011 年人口普查发现，印度依然有 2.73 亿人口是文盲：其中包括 9 600 万男性和 1.76 亿女性(RGI 2011a)。

印度通识教育的进展：亟需开展年龄分组式分析

总体而言，"通识能力"似乎是一个人人都能理解的术语。但与此同时，通识能力作为一个复杂和动态的概念，实则有着各种迥异的解释和定义。因此，并不存在一种全球通用的标准定义来反映通识教育的所有侧面;联合国教科文组织(1978)提出了"功能性通识能力"这一理念。如果将一个人判定为拥有"功能性通识能力",则意味着他拥有相应的通识读写能力去有效地参与自己所属群体和社区中那些要求用到读写能力才能有效发挥社交功能的活动中,并以此为自身发展和自己归属的社区发展作出贡献。因此通识能力指的是一种基于特定情境的读写运算技能的连续体,在一系列的学习和运用中为人所习得和发展,既发生在学校教育情境中,也发生于另外一些适合青少年和成人的其他场景中。

在印度,公众对通识能力的认知大体上符合人口普查中对它的定义,即拥有阅读和书写任意一门语言的能力。根据人口普查的定义,文盲人群不具备读写能力。印度的人口普查把"通识率"定义为 7 岁以上并拥有通识读写能力的人群占总人口的比率。根据该定义,印度的通识率已经表现出了显著的增长。该比率在40 年间几乎翻了一番,从 1971 年的 37.3% 上涨到了 2011 年的 74.0%(图 1)。尽管这是值得令人称颂的成就,但印度离实现全民通识扫盲依然有很长的一段路要走。事实上,印度并未达到印度发展署所制定的到 2011 年底实现 80% 通识率这一目标。

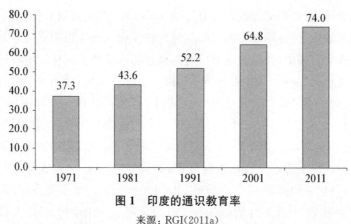

图 1　印度的通识教育率

来源:RGI(2011a)

此外,印度的通识率在各邦之间存在着较大的差异。根据基于 2011 年人口普查数据所做的估算,印度各邦在通识率上存在着非常大的跨度:最低的是比哈尔邦(63.8%),最高的是喀拉拉邦(93.9%)。在 2011 年,表 1 中所列举的 20 个邦中有 10个邦的通识率要高于全国平均水平(74.0%)。在与 2001 年的数据进行对比后发现,所有各邦在通识率上都取得了进步。在 2001—2011 年期间,在通识教育工作上所取得的另一个令人欣喜的进展是最为贫困的各邦(比哈尔邦、拉贾斯坦邦、恰尔肯德邦和安得拉邦)在通识率上取得了更大的进步。

表 1　印度全国平均通识教育率，2001—2011

各邦	总通识率		乡村男性		乡村女性		城市男性		城市女性	
	2011	2001	2011	2001	2011	2001	2011	2001	2011	2001
喀拉拉邦	93.9	90.9	95.3	93.6	90.7	86.7	96.8	95.9	93.3	90.6
喜马偕尔邦	83.8	76.5	90.5	84.5	75.3	65.7	93.7	92.0	88.7	85.0
马哈拉施特拉邦	82.9	76.9	86.4	81.9	67.4	58.4	93.8	91.0	85.4	79.1
泰米尔纳德邦	80.3	73.5	82.1	77.2	65.5	55.3	91.8	89.0	82.7	76.0
北阿坎德邦	79.6	71.6	87.6	81.8	66.8	54.7	89.8	87.1	80.0	74.8
古吉拉特邦	79.3	69.1	83.1	74.1	62.4	47.8	92.4	88.3	82.1	74.5
西孟加拉邦	77.1	68.6	79.5	73.1	66.1	53.2	89.2	86.1	81.7	75.7
旁遮普邦	76.7	69.7	77.9	71.1	66.5	57.7	87.3	83.1	79.6	74.5
哈里亚纳邦	76.6	67.9	83.2	75.4	61.0	49.3	89.4	85.8	77.5	71.3
卡纳塔克邦	75.6	66.6	77.9	70.5	59.6	48.0	90.5	86.7	81.7	74.1
奥里萨邦	73.5	63.1	80.4	72.9	61.1	46.7	91.8	87.9	80.7	72.9
阿萨姆邦	73.2	63.3	76.5	68.2	64.1	50.7	91.8	89.7	85.7	80.2
恰蒂斯加尔邦	71.0	64.7	78.2	74.1	55.4	47.0	91.6	89.4	77.7	71.1
中央邦	70.6	63.7	76.6	71.7	53.2	42.8	90.2	87.4	77.4	70.5
北方邦	69.7	56.3	78.5	66.6	55.6	36.9	81.9	76.8	71.7	61.7
查谟和克什米尔邦	68.7	55.5	75.5	61.1	53.4	36.7	84.9	80.0	70.2	62.0
安得拉邦	67.7	60.5	70.2	65.4	52.1	43.5	86.0	83.2	75.0	68.7
恰尔肯德邦	67.6	53.6	74.6	60.9	49.8	29.9	89.8	70.0	76.2	79.1
拉贾斯坦邦	67.1	60.4	77.5	72.2	46.3	37.3	89.2	86.5	71.5	64.7
比哈尔邦	63.8	47.0	71.9	57.1	50.8	29.6	84.4	79.9	72.4	62.6
全国平均	74.0	64.8	78.6	70.7	58.8	46.1	89.7	86.3	79.9	72.9

来源：RGI（2011b）

　　通识率的差异在各邦内部的多种人口子群体中依然普遍存在。总体而言，这些子群体的分类方式包括根据性别、社会群体以及出身阶级或种姓来对人口进行划分。鉴于在所有上述维度中存在着各邦之间的巨大差异，那种基于平均通识率所做出的比较——即在比较时不考虑巨大的组间差异——往往具有误导性。之前的文献综述以及政府文件明确地认识到在通识程度上存在组间差异。甚至人口普查的报告也在呈现通识率时，在全国、各邦、各地区的不同层面上，对不同性别、种姓和社会群体的数据进行了分列（RGI 2011d）。舒克拉和米什拉（2014a）在近期的科研成果中在对阅读-通识能力进行微分时选择在自身的科研中涵盖上述组间差异。

　　在解读总通识率时，依然有一个具体且重要的特征领域为人忽视，那就是通识教育与年龄分组之间的关联。尽管有若干学者已经在这一研究方向上做出了一些尝试（Shukla and Mishra 2014b；Venkatanarayana 2015；Venkatanarayana and Ravi 2013），但依然缺乏针对印度通识教育所开展的综合全面的年龄分组分析。针对一个特定的年龄段，在某一个具体的时间段上，笔者观测到更年轻的年龄分组表现出了比更年长的年龄分组更高的通识率。其主要原因在于当下最年轻的年龄分组拥有比较年长的年龄分组更多的受教育机会。在社会统计学中,这被称为"同龄群体效应"(或"世代效应")。因而,本文在此将"年龄分组"(世代)定义为出生在同一年或同一时期的一群人。在几乎所有国家,来自更年长的年龄分组的人群,其受教育水平总是低于更年轻的年龄分组,因为教育资源被集中供给那些更年轻的年龄分组人群,而绝大多数国家的教育体系随时间推移会不断延长自身的时限。

图 2 显示了印度各个年龄分组的通识率,这些比率来自本文笔者对 2011 年印度人口普查数据所做的估算。该图反映了年龄分组与通识率之间的负相关。10—14 岁年龄组的通识率在图中最高,而 80 岁以上年龄分组的该比率最低,这就证明在印度的通识教育成果进展中存在着同辈群体效应(通识教育在印度被定义为针对 7 岁及以上的人口,但从对年龄分组分类的角度出发,笔者的研究对象仅针对 10 岁及以上的印度人口)。10—14 岁年龄组的通识率为 91.1%,而 80 岁以上年龄组的该比率只有 39.0%,相比之下,全国的总通识率为 74.0%。不同年龄分组在通识成就上所表现出的差异对制定教育政策和福利方案有着深刻且重要的意义和影响,因为归属于某一特定年龄分组的个体对该年龄分组的社会和经济活动会产生重要影响。

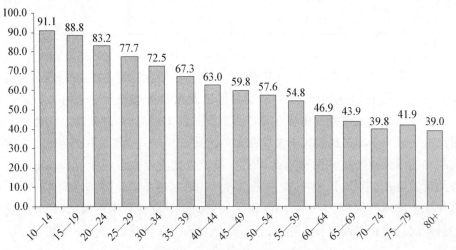

图 2　印度特定年龄段的通识率,2011 年

来源:由 RGI(2011c)计算所得。

因此,对通识教育进行年龄分组分析将有助于以一种合适的方式去理解通识教育所取得的进展在更长的一段时间内的动态变化,并且可以无视因使用来自多次不同人口普查的信息所带来的影响。本文对通识率的分析将聚焦于 70—74 岁年龄段和 10—14 岁年龄段,力图揭示印度通识教育在 60 年的时间跨度中所取得的进展。70—74 岁年龄段分组由在 1937—1941 年期间出生的个体组成。10—14 岁年龄段由在 1997—2001 年期间出生的个体组成。该年龄分组的柱状图 X 轴标示的是以每 5 年为一个分组的各个年龄分组的通识率估值。该图反映了以下趋势:在 60 年的跨度内,印度的通识率从 70—74 岁年龄分组的接近 40% 上升到了 10—14 岁年龄分组的超过 90%。

对特定年龄通识率的邦际分析

针对特定年龄分组的通识率所开展的研究发现:对任意一个特定的年龄分组而言,都存在着较大的邦际差异。例如,喀拉拉邦的 10—14 岁年龄段分组的通识率(98.79%)是最高的,而比哈尔邦的该年龄分组的比率(60.02%)是最低的。另外 4 个邦——喜马偕尔邦(96.89%)、马哈拉施特拉邦(94.71%)、泰米尔纳德邦(94.46%)和北阿坎德邦(90.85%)——在该年龄分组上都拥有超过 90% 的通识率。同样地,对 70—74 岁年龄分组而言,通识率在邦际也有非常大的差异——最低的是查谟和克什米尔邦(22.2%),最高的是喀拉拉邦(76.9%)。

如果不对年龄分组进行具体分析,那么基于总通识率所做的邦际比较就很有可能会对通识教育的进展得出误导性的结论。一个邦比另一个邦的通识率更高未必意味着前者在所有的年龄分组上的数据都优于后者。例如,北方邦(69.7%)的总通识率就高于安得拉邦(67.7%);但在 10—14 岁年龄分组,安得拉邦(94.2%)的该年龄分组通识率高于北方邦(87.7%)。与之相反的是,安得拉邦(29%)在 70—74 岁年龄分组的通识率就低于同年龄段的北方邦(32.7%)。而另一个来自比哈尔邦的例子则强调了在对比不同邦的通识教育时应当考虑年龄分组的重要性。从表 2 可以看出,比哈尔邦在最年轻的 10—14 岁年龄段录得了最低的通识率(83.3%),然而在最年长的年龄分组(70—74 岁)该邦排名正数第八。表 2 呈现了印度全国 20 个主要邦各特定年龄分组的通识率详细数据。

通过对各个邦的不同年龄分组的累计通识率进行作图后,笔者能非常清晰地认识到在各个邦之间通识率优势存在着不一致。这种图形展示方式尤其凸显了某个邦直到某个特定年龄段为止在通识率上的优势——或在超过了某一特定年龄之后变得缺乏通识率优势。这种图形展示方式同时也揭示了整体通识水平可能会造成的错觉,因为整体水平往往会掩盖某个特定年龄分组的具体情形。图 3a 反映了上述两点,该图展示的是安得拉邦、阿萨姆邦、奥里萨邦和拉贾斯坦邦这 4 个邦的累计通识率数据。基于(10 岁以上年龄分组的)平均通识率所作的比较后发现:拥有 72.3% 通识率的奥里萨邦在 4 个邦里名列第一,接下来依次为阿萨姆邦(71.7%),安得拉邦(65.9%)和拉贾斯坦邦(64.9%)。但该邦的这种优势并非在所有年龄分组都

表 2　印度 20 个主要邦的特定年龄段识字率

邦名	10—14	15—19	20—24	25—29	30—34	35—39	40—44	45—49	50—54	55—59	60—64	65—69	70—74	75—79	80十	All
喀拉拉邦	98.9	99.2	98.9	98.5	98.1	97.0	95.8	93.7	92.1	89.6	85.7	79.9	76.9	73.8	69.4	94.0
泰米尔纳德邦	97.9	97.5	94.7	90.3	85.9	77.5	72.6	67.7	65.5	61.9	54.5	49.5	46.0	47.9	42.1	79.5
喜马偕尔邦	97.2	97.3	95.6	93.2	90.5	86.0	79.8	74.8	70.0	65.7	53.7	46.7	36.8	32.9	24.9	82.3
马哈拉施特拉邦	95.6	94.9	92.5	89.7	86.1	81.6	77.1	73.6	71.4	68.8	59.4	53.2	48.3	50.2	47.0	82.0
卡纳塔克邦	95.3	93.0	88.7	83.0	77.7	70.0	64.5	60.1	57.1	55.8	47.2	44.0	39.8	42.5	37.9	74.5
北阿坎德邦	94.7	93.8	90.0	85.0	79.6	73.9	69.5	66.3	63.4	58.5	50.3	48.5	43.3	41.9	38.1	78.2
安得拉邦	94.2	91.1	83.0	73.5	66.5	58.8	52.2	47.4	43.8	41.7	33.7	32.2	29.0	32.7	31.5	65.9
古吉拉特邦	94.0	91.5	86.8	83.4	79.0	74.3	69.6	66.6	63.7	61.8	54.9	51.1	45.7	47.5	41.5	77.4
恰蒂斯加尔邦	93.4	90.2	84.4	77.8	70.0	61.9	54.3	49.2	46.5	44.2	37.1	33.4	29.3	29.6	29.6	69.3
哈里亚纳邦	93.3	91.8	88.0	84.0	78.2	70.9	63.7	59.8	56.8	53.7	43.4	40.4	33.7	31.0	26.4	74.8
旁遮普邦	92.9	91.4	88.1	84.0	78.5	73.2	68.9	66.5	63.7	61.6	48.7	42.9	35.9	34.1	28.2	75.2
西孟加拉邦	92.7	89.8	84.6	80.1	76.6	71.7	67.0	64.7	63.1	62.4	55.9	54.0	50.6	51.8	50.4	75.6
中央邦	92.0	87.7	79.3	71.8	65.6	60.1	55.4	51.9	50.0	46.5	40.1	36.1	31.0	31.4	30.4	68.2
奥里萨邦	91.8	88.2	83.8	79.4	74.7	69.1	64.1	60.4	57.9	55.5	46.7	44.1	39.9	42.1	40.4	72.3
恰尔肯德邦	90.0	84.6	74.0	67.3	61.7	56.7	51.6	47.7	45.0	42.8	36.8	35.2	32.3	34.2	33.7	65.2
拉贾斯坦邦	89.4	85.9	77.0	68.9	61.6	55.5	50.0	45.8	43.3	39.8	33.7	29.9	24.8	25.0	22.2	64.9
阿萨姆邦	88.1	85.3	79.4	74.4	71.3	67.0	62.4	59.6	57.0	56.7	50.3	49.9	43.0	45.3	39.9	71.7
查谟和克什米尔邦	87.9	86.5	79.6	73.4	67.0	60.1	53.9	48.8	44.8	41.6	33.1	29.6	22.2	22.9	21.9	66.4
北方邦	87.7	84.9	77.2	68.4	61.5	57.0	53.8	51.1	49.4	44.1	38.3	35.8	32.7	33.2	35.4	66.7
比哈尔邦	83.3	77.5	66.2	59.8	56.0	52.4	49.0	45.2	43.0	39.7	36.4	35.7	33.6	35.3	35.7	60.5
全国平均	91.1	88.8	83.2	77.7	72.5	67.3	63.0	59.8	57.6	54.8	46.9	43.9	39.8	41.9	39.0	72.3

来源：根据 RGI(2011c)计算所得。

成立。如果比较的是 10—29 岁年龄分组,则安得拉邦名列第一;如果比较的是 10—39 岁年龄分组,安得拉邦排名第二。相似的是,在考察 10—29 岁年龄分组时,拉贾斯坦邦排名垫底。

图 3b 展示的是另外 4 个邦的相似分布情况——卡纳塔克邦、古吉拉特邦、马哈拉斯特拉邦和喜马偕尔邦——在所有的年龄分组中,喜马偕尔邦名列第一,马哈拉斯特拉邦位列第二。但是卡纳塔克邦和古吉拉特邦的情况却与之不同。直到 10—39 年龄分组为止,卡纳塔克邦在通识率上的表现都优于古吉拉特邦,但在 39 岁之后的年龄分组中都落后于古吉拉特邦。

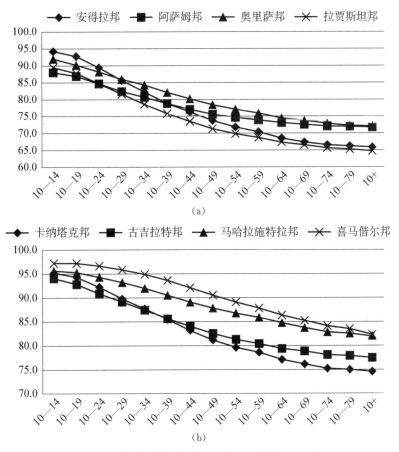

图 3　a 挑选出的印度四个邦的累积通识率;b 被选中的印度另四个邦的累积通识率

来源: 根据 RGI(2011c)计算所得。

在思考通识率在特定年龄段上的动态变化时,人们可以对通识教育进展进行另一种新颖的评估方法,即以对比两个极端年龄分组的通识率为基础来开展评估。通过对比 70—74 岁年龄段分组和 10—14 岁年龄段分组,可以获得一个时间跨度为 60

年的通识教育进展指数。笔者在图4中以百分比差异形式所呈现的是这两个年龄分组的通识率对比结果。由于以百分比差异形式所测得的进展与初始水平有着极大关联,因此笔者必须以非常谨慎的态度来对比这些差异。针对该案例,笔者推荐对那些有着相同的初始通识率(70—74岁年龄分组)的几个邦来开展对比研究。从这个角度来看,那些拥有最低初始通识率的各邦(初始数值均低于30%)——查谟和克什米尔邦、拉贾斯坦邦、安得拉邦和恰蒂斯加尔邦——均录得了最高水平的通识率增幅。就百分比差异而言,本文笔者并未在这四个邦的表现上观测到显著差异。在那些有着中等水平初始通识率的各邦(30%—40%)——中央邦、恰尔肯德邦、北方邦、比哈尔邦、哈里亚纳邦、旁遮普邦、喜马偕尔邦、卡纳塔克邦、奥里萨邦——其中喜马偕尔邦录得了最高的提升幅度,而比哈尔邦录得了最低值。其结果是,喜马偕尔邦将自己的排名从第14位提升到了第3位。比哈尔邦的排名却从第10名跌至了最后一名。奥里萨邦和北方邦同样在排名上也有所下跌,但卡纳塔克邦、中央邦和哈里亚纳邦的排名都有所提升。

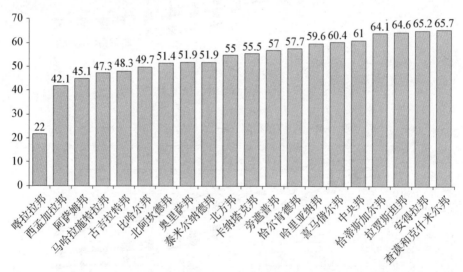

图4　70—74岁年龄分组和10—14岁年龄分组的通识率百分比差异

来源:根据RGI(2011c)计算所得

在拥有最高水平初始通识率的各邦中,泰米尔纳德邦录得的数据最高,而西孟加拉邦在该组中的排名最低。该小组包括西孟加拉邦、马哈拉斯特拉邦、泰米尔纳德邦、古吉拉特邦、北阿坎德邦和阿萨姆邦。(所有这些邦的初始通识率都超过了40%,但笔者把喀拉拉邦从该组中剔除出去,因为其通识率太高了。)该组中有两个邦(西孟加拉邦和阿萨姆邦)的相对排名发生了巨幅下跌。西孟加拉邦从70—74岁年龄分组的第2名下跌至10—14岁年龄分组的第12名。阿萨姆邦从70—74岁年龄分组的第 7 名下跌至 10—14 岁年龄分组的第 17 名。

对小组差异进行特定年龄分组分析

　　与儿童成长相关的科研文献，包括那些与教育和通识能力有关的子研究，经常会讨论性别差异和城乡差异，并将其作为小组间差异的参照系。从这两种二分法出发，笔者可以获得四个相互隔离且两两互斥的小组：乡村男性、乡村女性、城市男性、城市女性。图 5 呈现了印度人口中上述四个小组的总通识率，这些数据来自人口普查的五个不同年份。从图 5 中可以明确看出：由于弱势群体表现出了更快的增幅，因而各小组之间的差异随着时间的推移正在逐渐缩小。从该图可以看出，在 2011 年拥有最高通识率的小组是城市男性（89.7%），而最低通识率的小组是乡村女性（58.8%），两者之间的差距依然高于 30%——这仍然是一个非常大的差距。图 5 中的数据也表明：在过去这些年，城市相比乡村依然拥有明显的优势，这一点可以从两个城市分组（城市男性和城市女性）享有比两个乡村分组更高的通识率就可以看出。尽管妇女无论在城市还是乡村依然都还是弱势性别，但并非所有的男性都相比女性拥有明确的通识率优势：尽管城市男性拥有比另外两个女性小组更高的通识率，但乡村男性的通识率却低于城市女性。

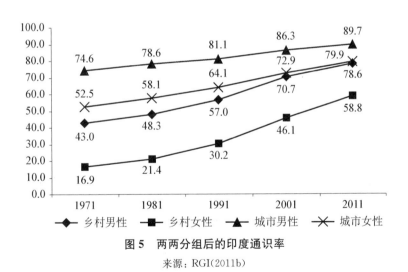

图 5　两两分组后的印度通识率

来源：RGI(2011b)

　　笔者在对印度的总通识率进行分析后发现，在所有邦(参见表 1)都存在着上述小组差异。与全国数据表现出的模式相似，城市男性往往表现最优，而乡村女性的通识率排名垫底。然而在各个邦之间，最优组和最差组之间的差距却有着巨大的邦际差异；两者之间差距最大的是拉贾斯坦邦，而最小差距来自喀拉拉邦。此外，在所有邦,无论是在城市还是乡村,女性小组的通识率相比对等的男性小组总是处于劣势地位。

与总通识率数据相反的是,年龄分组分析研究发现四个小组都录得了数据趋同的证据(图6)。在所有上述四个小组中,在从最年长的年龄分组向最年轻的年龄分组移动过程中,各小组之间的组间差异会逐渐减小;而在最年轻的10—14岁年龄分组中,这种差距甚至会趋于消失。因此通识率的小组差异并非是每一个年龄分组都需要纳入考虑的议题。在对不同邦的数据进行分析之后,也发现了相同的证据:一旦从年长组向年幼组进行移动,小组间差距就会急剧减小。在绝大多数邦,10—14岁年龄分组的组间差距或完全消失,或处于极低的水平。而相比那些通识率较低的各邦,那些有着较高通识率的各邦在一些比这一最低年龄组稍加年长的年龄分组中也录得了这种各组间数据趋同的证据。

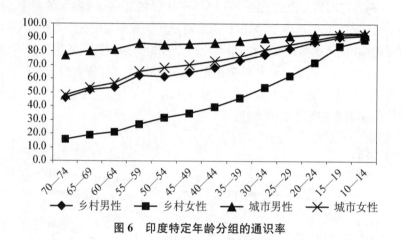

图6　印度特定年龄分组的通识率

来源:根据 RGI(2011c)计算所得

(a)

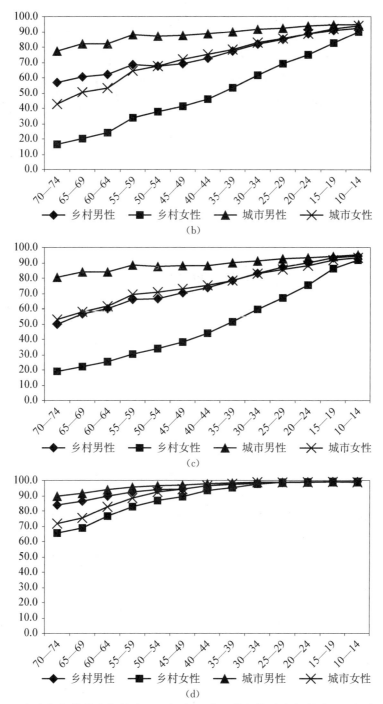

图7　a 比哈尔邦的特定年龄分组通识率；b 奥里萨邦的特定年龄分组通识率；
　　　c 古吉拉特邦的特定年龄分组通识率；d 喀拉拉邦的特定年龄分组通识率

来源：根据 RGI(2011c)计算所得

　　图 7a—7d 呈现的是来自 4 个邦(比哈尔邦、奥里萨邦、古吉拉特邦和喀拉拉邦)的上述四种组别特定年龄分组通识率数据。其中比哈尔邦和喀拉拉邦的数据分别是最低和最高水平,而奥里萨邦和古吉拉特邦的数据则处于中游水平。在喀拉拉邦,人口中的四个不同组别之间的差距在 30—34 岁年龄分组以及所有其他较之更年轻的年龄分组中都消失了。对比哈尔邦和奥里萨邦而言,四个不同组别之间的数据也在趋同。在古吉拉特邦的 10—14 岁年龄分组中,不同组别的组间差距已经几乎消失。这种不同组别之间通识率数据的趋同源自弱势群体取得了更大的通识率提升的进展。在所有上述邦的数据发生趋同之前的岁月里,城市男性往往是表现最优的组,而乡村女性总是垫底。另外两个小组——乡村男性和城市女性——其数据位于两个极端之间,而且往往彼此的数值相近。在本段提及的四个邦中都观测到了这种数据分布型态。

为实现全民通识扫盲而奋斗

　　上述分析清晰地表明年龄段分组分析非常适用于评估通识教育所取得的进展,以及评判人口中不同子群体之间的组间差异。这种分析方法能帮助学术界更深刻地理解通识教育进展中的动态。这种分析方式表明,不同年龄分组的通识剥夺与全局的通识剥夺并不等同:相比更年轻的年龄分组,更年长的年龄分组表现出了更大程度上的通识剥夺。此外,通识率的组间差异也在更年轻的年龄分组中呈现出了最低水平。尽管这种分析方法带来了不小的希望,但它也向学术界提出了一些挑战。通识能力是帮助人们获得更好生活的一项基本技能,为了能够实现全民通识教育和扫盲这一目标,印度必须做好在将来继续长期为此努力的准备,而为达到此目标所设计的教育项目必须针对全部人口。从政策制定的角度来看,印度通识率的提高需要靠以下两个方案来实现:其一,为 6—14 岁年龄段的儿童提供全民基础教育;其二,为 15—35 岁人群提供成人通识教育项目。有鉴于此,下文所列的表 3 单列了印度各个邦 7—14 岁年龄组合,15—35 岁年龄组的通识达成率独立数据,表中所列数据来自 2011 年的统计。

　　基于表 3 的数据可见,印度通识教育所取得的进展似乎是令人欣欣鼓舞的,表格中所列的 20 个邦中有 11 个邦在 7—14 岁年龄分组中取得了超过 90% 的通识率。在该年龄分组上所表现出的较高通识率水平反映了印度在免费义务基础教育政策上所取得的成功。然而当从全民通识率的角度来解读上述数据时,则会发现印度依然面临种种挑战:如该表所示,依然有 12% 的该年龄段儿童仍然是文盲。即使是在那些最为发达的邦——比如喀拉拉邦、泰米尔纳德邦、喜马偕尔邦——依然未能在 7—14 岁年龄分组实现 100% 的通识扫盲教育。此外,另外 9 个邦的该年龄段儿童中有超过 10% 是文盲——比哈尔邦、查谟和克什米尔邦、北方邦、阿萨姆邦、恰尔肯德邦、拉贾斯坦邦、奥里萨邦、中央邦和恰蒂斯加拉邦。由于比哈尔邦和北方邦都有着很高的人口密度，这两个邦的通识教育进展状况会对印度全国的通识率增速产生重大影响。

正如表3所示，7—14岁年龄分组的通识剥夺现象在各邦的四个人口分组中都存在。而那些有着非常高的通识率的各邦——例如喀拉拉邦、泰米尔纳德邦、喜马偕尔邦——在四个人口分组中录得了相同的通识率。然而对那些有着低通识率的邦而言，7—14岁年龄分组内的各个人口小组之间的差距依然存在，尽管这种差距较小。对这些邦而言，"乡村女性"依然是人口中处于最不利地位的子群体。

对7—14岁年龄分组而言，通识剥夺应当归咎于免费义务小学教育上的政策失败。为了实现全民通识教育，最关键和最重要的步骤是最大限度防止人口中的新生代落入文盲群体。为了实现这一目标，唯一的方法就是坚持执行全民免费义务基础教育。那些在7—14岁年龄段的通识率较低的邦必须朝着这个目标做出更多努力。

表3　7—14岁年龄分组和15—35岁年龄分组的各邦通识率

邦名	总通识率		乡村男性		乡村女性		城市男性		城市女性	
	7—14	15—35	7—14	15—35	7—14	15—35	7—14	15—35	7—14	15—35
喀拉拉邦	97.1	98.6	96.9	98.5	97.0	98.1	97.3	98.9	97.3	98.9
泰米尔纳德邦	95.3	91.1	95.1	92.7	94.7	83.5	95.8	96.0	95.5	92.5
喜马偕尔邦	95.2	93.9	95.5	95.9	94.9	91.7	95.0	94.8	94.3	93.6
卡纳塔克邦	93.1	84.7	93.3	86.6	91.6	73.8	94.4	93.0	93.9	88.7
马哈拉施特拉邦	92.8	90.3	93.0	92.3	91.9	83.6	93.5	94.1	93.2	91.0
北阿坎德邦	92.0	87.1	92.8	91.9	91.9	81.2	91.3	91.0	90.3	85.5
古吉拉特邦	91.6	84.8	92.2	88.1	89.8	72.3	93.2	92.8	91.6	86.1
哈里亚纳邦	90.9	85.2	92.4	89.7	89.3	76.5	91.4	91.2	89.7	84.6
安得拉邦	90.7	77.4	90.8	80.8	89.3	64.3	92.3	90.0	91.7	93.0
旁遮普邦	90.3	85.1	91.0	85.6	90.0	80.8	90.4	89.5	89.3	86.0
西孟加拉邦	90.3	82.4	89.6	83.5	89.8	75.4	92.0	90.2	92.0	86.5
恰蒂斯加尔邦	89.3	80.4	89.1	85.8	87.3	68.2	93.6	94.1	93.3	86.5
中央邦	88.6	76.2	88.3	81.5	87.0	59.9	91.6	91.2	91.2	84.1
奥里萨邦	88.2	81.0	88.6	86.4	86.3	71.6	92.8	93.1	92.0	86.9
拉贾斯坦邦	86.1	73.8	89.3	85.4	81.2	52.7	89.8	90.6	86.7	77.6
恰尔肯德邦	86.0	71.7	86.4	78.9	82.9	52.8	91.4	90.9	90.4	82.0
北方邦	84.3	73.9	86.7	82.5	83.6	60.8	81.5	82.7	79.7	75.4
阿萨姆邦	84.3	77.1	83.4	79.4	83.0	69.8	93.5	93.5	92.8	89.5
查谟和克什米尔邦	83.8	76.2	85.1	83.1	79.7	60.9	88.9	90.0	87.1	79.6
比哈尔邦	79.4	64.7	81.2	73.1	76.4	50.7	84.9	84.5	83.3	75.5
全国平均	87.9	80.2	88.2	84.0	85.6	67.5	91.0	91.3	90.2	85.8

来源：根据RGI(2011c)计算所得

正如之前所预计的那样，15—35岁年龄分组的人群的文盲率要高于7—14岁年龄分组。在印度，更年长的年龄段中几乎有20％缺乏基本的通识能力。这种通识剥夺在印度各邦之间存在着不小的差异,其分布并不均匀。4个邦(喀拉拉邦、喜马偕尔邦、泰米尔纳德邦、马哈拉斯特拉邦)拥有超过90％的通识率。相比之下,另外4个邦(比哈尔邦、恰尔肯德邦、拉贾斯坦邦、北方邦)的通识率不到75％。在15—35岁年龄分组,乡村女性拥有最低的通识率。在全国层面,在15—35岁年龄段中,有超过1/3的乡村女性不具备基本的通识能力。对以下4个邦(比哈尔邦、拉贾斯坦邦、恰尔肯德邦、中央邦)而言,这一比率甚至超过40％。对另外两个邦(北方邦、查谟和克什米尔邦)而言,这一比率接近40％。

如果能有效地执行成人通识教育项目,则将有助于提升15—35岁年龄分组人群的通识率。印度的成人教育旨在为这些成人的人群,尤其是那些已经因超龄或其他原因失去了接受正式教育机会的成人,提供进一步教育的机会。印度的成人通识教育项目需要确保所有的人口在35岁之前拥有通识能力,因为除此之外印度并没有任何其他项目能帮助超过35岁的成人获得通识能力。10—35岁年龄段的通识剥夺应当得到严肃对待,因为相比更年老的年龄段,这个年龄段的人群依然有漫长的人生路要走。即使印度在7—14岁年龄段和15—35岁年龄段实现了全员通识,印度在可期的未来依然将无法完成全民通识这一目标,因为在35岁以上年龄段依然有着数量巨大的文盲人群。根据估算,将来依然需要花很长一段时间,才能让这一人群为更年轻的受过教育的人群所取代。因此,如果能够拓展成人通识教育项目的范围,并且使之覆盖超过15—35岁年龄段的更年长人群,则将能够加速实现印度全民通识这一目标。

通识剥夺对是否能获得受雇佣机会也有着非常重要的意义。此外,它也对一个个体是否能够获得政府福利项目所提供的帮助制造了一大障碍,因为缺乏通识能力的人群往往很难意识到有这种福利存在。缺乏基本的通识能力也对个体应对压力和挫折的韧性、对他们的幸福感和获得感、对自己人生的掌控感等诸多方面产生影响。此外,鉴于现今的经济增长是由服务业驱动,这就要求劳动力拥有相应的技能,仅拥有最基础的通识能力或许不足以帮助他们挣一份生活。因此,在现代经济体系这一大背景下,在通识教育项目中拓展和扩大学习能力就变得尤为重要,尤其是应当提供条件让他们有机会接触到个人理财服务、信息技术以及电脑应用,以及其他一些在生活当中不可避免会接触到的通识以外的其他生存技能。

根据年龄结构调整后的通识率

在上文的讨论过程中,笔者指出在年龄分组和通识率之间存在着系统化的负相关。这种负相关在所有层面的教育中都成立,而不仅仅局限于通识教育。即使是在一些教育非常发达的国家,更年轻的人群相比年长者总是会拥有更高的受教育水平。造成年长人群的这种教育弱势的主要原因是他们当年在学龄期间能接受教育的机会非常有限。因此,对教育发展状况的评估往往是以通识率上所取得的进展为基础的,而通识率被定义为 7 岁及以上年龄人口中拥有通识能力的人口占总人口的比率。有鉴于年龄分组与通识率之间在印度的负相关,以及不同邦在人口年龄段分布上的较大差异,笔者认为,平均通识率或许并不是一个可以用来比较各邦教育进展的合适指标。

在本章节中,笔者将用两种不同的方法来计算根据年龄结构调整后的通识率。在使用第一种计算方法时,所有邦的通识率数据在引入了人口参考年龄之后都有所降低。在使用第二种计算方法时,通识率数据在使用了年龄分布结构作为参考数值后也有所下降。在第一种方法中,笔者使用参考年龄去除所有邦人口的平均年龄,然后用这个计算出的比率去乘以一个邦的平均通识率,最后得出根据年龄结构调整后的通识率。设 A 为参考年龄,设 a_i 为第 i^{th} 个邦的人口平均年龄,设 H_i 为第 i^{th} 个邦的通识率,则给出第 i^{th} 个邦的调整后的通识率计算公式如下:

$$H_i^* = H_i \frac{a_i}{A},$$

上述公式中的 H_i^* 为根据年龄调整后的通识率。

为实现本文当下的分析目标,本文将使用中位数(此处将其定义为按顺序排列的一组数据中居于中间位置的那个变量赋值)来代表年龄结构这个维度。笔者在下文中的表 4 中展示了所有邦的年龄中位数。喀拉拉邦的中位数年龄是 36 岁,其人口在所有邦中有着最高的人口平均年龄。比哈尔邦、拉贾斯坦邦、北方邦的中位数年龄是 28 岁,这三个邦的人口平均年龄最低。换而言之,喀拉拉邦的人口年龄最老,而比哈尔邦、拉贾斯坦邦和北方邦的人口年龄最小。为了能够进行指数计算,笔者把喀拉拉邦的人口中位数年龄作为参考年龄,然后以此为基础对所有其他邦的通识率进行重新换算。

表 4　印度的根据年龄结构调整后的通识率

邦名	年龄中位数	通识率	ALR_1	ALR_2
喀拉拉邦	36	94.0	94.0	94.0
泰米尔纳德邦	34	79.5	75.1	77.7
喜马偕尔邦	32	82.3	73.1	79.9
安得拉邦	31	65.9	56.8	62.1
卡纳塔克邦	31	74.5	64.2	71.3
马哈拉施特拉邦	31	82.0	70.6	79.7
旁遮普邦	31	75.2	64.8	72.6
西孟加拉邦	31	75.6	65.1	73.0
恰蒂斯加尔邦	30	69.3	57.8	63.8
古吉拉特邦	30	77.4	64.5	74.1

续表

邦名	年龄中位数	通识率	ALR_1	ALR_2
哈里亚纳邦	30	74.8	62.3	70.0
奥里萨邦	30	72.3	60.2	69.4
阿萨姆邦	29	71.7	57.8	67.7
查谟和克什米尔邦	29	66.4	53.5	60.5
怡尔肯德邦	29	65.2	52.5	59.6
中央邦	29	68.2	54.9	62.9
北阿坎德邦	29	78.2	63.0	74.0
比哈尔邦	28	60.5	47.1	55.3
拉贾斯坦邦	28	64.9	50.5	58.4
北方邦	28	66.7	51.9	60.7
印度	30	72.3	60.3	68.6

来源：根据 RGI（2011c）计算所得

因此，笔者把第 i^{th} 个邦的通识率乘以一个数值，即第 i^{th} 个邦的人口中位数年龄与喀拉拉邦人口中位数年龄之间的比率。由此，笔者为所有的邦都得出了一个不同的通识率，笔者将其称为"根据年龄调整后的通识率（ALR_1）"。笔者在表 4 中列出了印度所有主要邦根据年龄调整后的通识率数据。可以清楚地看出，各邦经过调整后的通识率数据要比未调整前的数据要低。但这两者之间的差距在不同的邦各有不同。总体而言，表现出较高水平差距的各邦，其年龄中位数往往与喀拉拉邦的年龄中位数之间相距甚远，反之亦然。通过参考喀拉拉邦的年龄中位数之后，根据年龄调整后的通识率（ALR_1）表明，如果所有的邦都能拥有和喀拉拉邦相似的年龄构成，则它们也将有可能获得按该年龄分布所能取得的通识率水平。与上述分析结果相反的是，也可以通过取最低年龄作为参考数值，来对各个邦的通识率数据进行重排和调整。如果以这种方式来计算的话，所有各个邦的数据将会反映出其通识率水平的增长情况。

笔者也使用了另一种方法来计算根据年龄结构调整后的通识率，即使用一种参考年龄结构。首先笔者把总人口细分为确定数量的一些子小组，然后为所有邦计算针对特定年龄分组的通识率。由此笔者可以把整体通识率表达为所有各个特定年龄分组通识率乘以该特定年龄分组在人口中所占比率后得到的加权总和。设将总人口划分为 n 个小组，设 α_i 为第 i^{th} 各年龄小者在人口中所占比重，设 H_i 为第 i^{th} 个年龄分组内的通识率，则笔者可以把总人口的平均通识率表达为以下公式：

$$H = \sum_{i=1}^{n} \alpha_i . H_i .$$

笔者计算根据年龄结构调整后的通识率的方法是在人口的参考年龄结构内对特定年龄分组的通识率进行复制。设 β_i 为第 i^{th} 个年龄分组在人口的参考年龄结构内所占的比重，设 H_{ji} 为第 j^{th} 个邦内的第 i^{th} 个年龄分组的通识率，则第 j^{th} 个邦经年龄结构调整后的通识率计算公式如下所示：

$$H_j = \sum_{i=1}^{n} \beta_i . H_{ji}.$$

为实现本文的科研分析目标，笔者把总人口划分为 15 个年龄分组（10—14 岁、15—19 岁、20—24 岁、25—29 岁、30—34 岁、35—39 岁、40—44 岁、45—49 岁、50—54 岁、55—59 岁、60—64 岁、65—69 岁、70—74 岁、75—79 岁，以及 80 岁以上年龄组）。尽管通识率被定义为针对 7 岁及以上年龄的人群，但为了让此次研究变得更便利，本文所采取的分析只考虑人口中 10 岁及以上年龄的人群。在表 4 的最后一列，笔者列举了所有邦根据年龄结构调整后的通识率（ALR₂）。与上一段所用的计算方法相似，在对所有邦的数据进行调整后，本方法也录得了通识率的下降。本方法所录得的通识率下跌幅度低于前一个方法计算所得的数据。笔者认为本方法计算出的数据更为准确，因为它是以年龄分布而非年龄平均值为基础的——这与先前录得的结果相反。在进行了这种调整后，笔者研究发现：印度的通识率为 68.6％（低于未调整前的 72.3％），该数值所表达的是如果印度全国拥有像喀拉拉邦那样的年龄结构则可能拥有的通识率。而对各个邦的调整前和调整后数据进行对比后，有些邦的排名发生了变化。安得拉邦、古吉拉特邦、卡纳塔克邦的排名都有所提升。而另外一些邦——哈里亚纳邦、查谟和克什米尔邦、北方邦和北阿坎德邦——的排名都有所下跌。上述研究发现让笔者认识到，如果不计算年龄结构的差异，那么真实的通识率可能会低于平均通识率所得出的数据。同时这也再次证明以下事实：那些年轻人口占邦内人口比重更高的邦相比该比重较低的邦取得了更快的进展，如果双方有为通识教育付出了同等程度的努力。

结　　论

在本次研究中，笔者强调了人口年龄结构对评估通识教育已有进展的重要性。尽管印度已经实现了全民基础教育，但想要真正实现全民通识扫盲这一目标依然非常困难，因为印度人口中依然存在着大量超过学龄的文盲人群。因此笔者建议：印度需要制定并执行一种有效的成人通识教育项目，并以此来努力实现全民通识扫盲目标。同时，笔者也提议扩大印度基础通识教育项目的受众范围并拓宽其覆盖年龄，使之不仅仅局限于针对 15—35 岁年龄分组。此外，笔者还希望能在此指出以下问题，即基于平均通识率所做的比较是否具有信度？这种担忧促使笔者计算出了"根据年龄结构调整后的通识剥夺指数"。在使用喀拉拉邦的年龄结构作为参考数值之后，运用该指数所录得的所有邦通识率水平都比调整前要低。另外，笔者运用了另一种数据修改方法,即选用人口年龄中位数为基础,这种计算方法并未导致通识率水平数据下跌,但却重塑了各邦之间的差异和排名。

(朱 正 译)

参考文献

Biswas, A. , & Agrawal, S. P. (1986). *Development of education in India: A historical survey of educational documents before and after independence*. New Delhi: Concept Publishing Company.

GOI [Government of India] (1966). *Report of the Education Commission (1964 - 1966): Education and National Development*. New Delhi: Government of India.

RGI [Registrar General of India] (2011a). *State of literacy (chapter 6), Provisional Population Totals Paper 1 of census 2011*. New Delhi: Office of Registrar General and Census Commissioner of India. http://www. censusindia. gov. in/2011-prov-results/data_files/india/ Final_PPT_2011_chapter6. pdf.

RGI (2011b). *Rural urban distribution of literacy (chapter 3), Provisional Population Totals, Paper 2 of census* 2011. New Delhi: Office of the Registrar General and Census Commissioner of India. http://www. censusindia. gov. in/2011-prov-results/paper2/data_files/india/paper2_ 3. pdf.

RGI (2011c). *Single-year age returns data of census 2011*. New Delhi: Office of the Registrar General and Census Commissioner of India. http://www. censusindia. gov. in/2011census/Age_ level_Data/C13/DDW-0000C-13SCA. xlsx.

RGI (2011d). *Socio-cultural series of census*. New Delhi: Office of the Registrar General and Census Com-missioner of India. http://www. censusindia. gov. in/DigitalLibrary/TablesSeries2001. aspx.

Shukla, V. , & Mishra, U. S. (2014a). Literacy progress in Uttar Pradesh: A district level analysis. *Indian Journal of Human Development*, 8(1),171 - 182.

Shukla, V. , & Mishra, U. S. (2014b). Age composition and literacy progress in India: An inter-state analysis. *Journal of Educational Planning and Administration*, 28(3),223 - 234.

UNESCO (1978). *Literacy in Asia: A continuing challenge*. Report of the UNESCO Regional Experts Meet-ing on Literacy in Asia (Bangkok, 22 - 28 November 1977). Bangkok: UNESCO.

Venkatanarayana, M. (2015). When will India achieve universal adult literacy: Status and prospects. *Journal of Educational Planning and Administration*, 29(2),177 - 204.

Venkatanarayana, M. , & Ravi, C. (2013). Achieving universal literacy in Andhra Pradesh: Status and pros-pects. *Indian Journal of Human Development*, 7(1),3 - 38.

洪都拉斯的教育食品援助：
儿童识字的心理社会关联性

托马斯·M·克里　安东尼亚·E·迪亚兹-巴尔德斯
伊丽莎白·格林菲尔德　何塞·阿塞韦多　布莱恩·赛尔尼
马龙·梅迪纳　格伦达·赫尔南德斯　奥尔佳·卡内拉斯*

————————————————

*　*原文语言：英语*

托马斯·M·克里（美国）

博士，社会工作硕士，波士顿学院社会工作学院副教授，全球项目副主任。克里博士的研究兴趣集中在儿童福利、社会保护、难民和移民等交叉领域。他的研究项目遍及全球。曾在危地马拉、洪都拉斯、肯尼亚、马拉维、巴勒斯坦、南非、津巴布韦和美国等国开展过研究项目。在国际中开展的研究项目包括在冲突后和资源贫乏环境下，向易受艾滋病影响孤儿和儿童提供社会保护；向城市难民提供生活支助；难民高等教育；食品安全与儿童识字的关系等。在美国，他主要研究针对无人陪伴的移民儿童提供的服务及其效果，以及为弱势儿童和家庭提供的儿童福利服务。

通信地址：School of Social Work, Boston College，140 Commonwealth Ave., Chestnut Hill, MA 02467, USA

电子信箱：creat@bc.edu

安东尼亚·E·迪亚兹-巴尔德斯（智利）

社会工作硕士，波士顿学院社会工作学院博士生。研究兴趣包括老龄化、退休收入体系、人生观、初高等教育、社会实证工作以及应用于社会科学的研究方法和分析。曾在智利和美国开展过社会工作和退休制度的实证研究。此外，迪亚兹-巴尔德斯女士还加入了研究拉丁美洲社会政策的研究小组，主要关注危地马拉和洪都拉斯初等教育的儿童识字和学校供膳计划，以及美国的晚年生活等方面。

伊丽莎白·格林菲尔德（美国）

教育学硕士，社会工作硕士，波士顿学院社会工作学院博士生。格林菲尔德女士的研究兴趣包括冲突后创伤敏感教育和心理社会干预；暴力和被迫移民的代际影响；贩卖人口；跨文化师资培训；参与式和基于艺术的研究；批判种族理论；土著居民生活方式；项目评估与课程开发；跨文化教育；以及国际社会工作等方面。

何塞·阿塞韦多（洪都拉斯）

博士，洪都拉斯国立自治大学社会学学院教授。阿塞韦多博士的研究兴趣包括贫困分析、发展研究、监测和评估、能力建设、农村可持续发展、非营利管理、社会发展和社会排斥等。

通信地址：School of Sociology, National Autonomous University of Honduras, Blvd. Suyapa Ciudad Universitaria, Tegucigalpa, M. D. C., Honduras

布莱恩·赛尔尼（美国）

文学硕士，在做这项研究时，担任洪都拉斯天主教救济服务中心（CRS）的项目副主管。他目前是萨尔瓦多天主教救济服务中心项目的负责人。（转下页）

在线出版时间：2017 年 9 月 30 日

摘　要　在中、低等收入国家，学校供膳项目往往倾向于关注学校入学率和识字率两个方面。一些证据表明，将学校建设成为连接社区的纽带对儿童和家庭具有重要的心理社会作用。通过参与洪都拉斯因蒂布卡省大规模的学校供膳项目后，本研究考察了儿童识字率与家长和教师对社区暴力和凝聚力看法的相关度。来自 176 所学校的小学生（n＝3 147）完成了标准化的识字测试。分数与家长（n＝328）和教师（n＝537）对社区凝聚力和暴力的反馈有关。家长之间的社会联系与儿童的识字水平正相关。教师报告的社区暴力行为对儿童的识字水平产生消极影响。鉴于如何整合像学校供膳项目之类纵向关注的干预措施来解释影响项目本身的，以及受项目影响的特定环境因素，本文作者讨论了这些研究结果。

关键词　学校供膳　中美洲　洪都拉斯　心理社会　教育食品援助　小学项目设计

现在，人道主义援助和发展领域越来越多地采用系统的方法进行干预，而不再关注单一的或纵向的项目（Kamath and Jense 2010）。与综合项目相比（Atun，de Jongh，Secci，Ohiri，and Adehi 2010）——有时采用所谓"环绕式"提供服务的方法（Bruns，Hyde，Sather，Hook，and Lyon 2016）更容易理解纵向设计的利与弊，这在很大程度上推动了这种转变。学校供膳项目特别倾向于狭隘地关注入学率、出勤率和识字率（Alderman and Bundy，2012），虽然有证据表明学校供膳项目能够改善学生行为（Kristjansson et al. 2009），可以作为儿童和家庭获得心理社会支持的来源（Houinato and Maclure 2002；Retamal and Low 2010）。但是，很少有人研究学校供膳项目的非预期效益，或者研究促进或阻碍项目成功实施的环境因素（Kristjansson

（接上页）通信地址：Catholic Relief Services（CRS）El Salvador，73a Avenida Sur，No. 221，Colonia Escalo'n，San Salvador，El Salvador

马龙·梅迪纳（洪都拉斯）
文学学士，洪都拉斯天主教救济服务中心教育食品援助项目管理人员。
通信地址：Catholic Relief Services（CRS）Honduras，Colonia Castaño Sur，Sendero Senecio，Tegucigalpa，M. D. C. ，Honduras

格伦达·赫尔南德斯（洪都拉斯）
文学学士，洪都拉斯天主教救济服务中心（CRS）负责监督、评估、问责和学习的管理人员。

奥尔佳·卡内拉斯（洪都拉斯）
文学学士，洪都拉斯天主教救济服务中心负责教育食品援助项目监督、评价、问责制和学习的协调人员。

et al. 2009）。同样，也很少有人探讨在非重点干预领域（Kuziemsky，Borycki，Nøhr，and Cummings 2012）纵向项目的非预期效益，或者，反过来，探讨非预期效益或环境挑战在多大程度上影响项目目标。在这项研究中我们有两个目的：（1）考察与洪都拉斯因蒂布卡省实施大规模学校供膳项目有关的儿童识字率。（2）探讨家长和教师如何看待学校供膳项目对家长、学校和社区的影响，以及这种影响在多大程度上与儿童识字率相关。

学校供膳项目与教育食品援助

在中、低收入国家（low- and middle-income countries，LMIC），营养不良是实现联合国全民教育（Education for All，EFA）目标的巨大障碍（UNESCO 2012，2016）。自 2008 年经济危机以来，全球食品不安全状况有所增加，尤其对世界上的弱势社群来说更是如此（Vilar-Compte，Sandoval-Olascoaga，Bernal-Stuart，Shimoga and Vargas-Bustamante，2015），这对儿童健康和教育产生了重大的负面影响（Jyoti，Frongillo，and Jones 2005）。在这种处境下，教育食品援助（FFE）计划——学校供膳项目包括提供农业商品、技术援助以及财政支持等（USDA 2016；WFP 2007）——不断引起人们的重视（Bundy et al. 2009）。

教育食品援助计划通过参与儿童教育来促进家庭投资孩子的"人力资本"，从而反过来提高儿童入学率和出勤率（Alderman and Bundy 2012；Cheung and Perrotta 2010；WFP 2007）。通过学校供膳项目，投资人力资本向来被认为是减少贫困和减缓学龄儿童饥饿的长期经济目标（Alderman and Bundy 2012），也是通过改善营养和健康促进大规模经济增长（Martorell 1999）的长期经济目标。因此，教育食品援助计划不仅会促进经济增长和社会公平（Alderman and Bundy 2012；Martorell 1999），还可能使社会更加稳定。

事实证明，教育食品援助计划可以为家庭和社区带来直接和实际的效益。从项目对家庭的贡献来看，当送孩子上学的直接成本低于得到的好处时，比如：学校为孩子提供食物，学习让孩子的未来充满希望，家长更愿意将他们的孩子送去上学（Alderman，Gilligand，and Lehrer 2012）。比如，校内的教育食品援助计划通常为儿童在校期间提供饭菜或点心，有资料显示这对入学率和出勤率起到了有效的激励作用（Alderman et al. 2012；Bundy et al. 2009；Cheung and Perrotta 2010）。

然而，人们对这些项目提高读写能力的效力存在争议，因为项目的实施情况常常因环境、供给、社区支持以及其他因素而有很大的差异。在一份关于中、低等收入国家的学校供膳项目综述中发现：儿童在数学评估方面表现很好，但是在认知功能方面增长相对较小（Kristjansson et al. 2009）。同样，在一份关于多国的学校供膳项目综述中，邦迪（Bundy）及其同事（2009）发现：学生的数学成绩增幅很大，但是读写成绩增幅很小。在柬埔寨,张(Cheung)和佩罗塔(Perrotta)(2010年)发现:学生在校表现没有明显改善。相比之下,在巴基斯坦,研究人员发现:女孩的读写技能平均提高了20%(USDA 2013);在危地马拉(Crea, Gruenfeld and Acevedo 2015)和洪都拉斯(Crea et al. 2016),研究人员同样发现:学生的阅读理解水平逐渐增长,并且很明显,它与教育食品援助计划实施有关。总而言之,越来越多的证据表明:教育食品援助计划能够帮助儿童入学,并使他们留在学校继续上学;能够减少饥饿,避免短期的认知障碍,提高认知能力。然而,关于学校供膳项目对读写影响的研究结果依然很复杂。

在中、低收入国家,学校供膳项目的心理社会关联性

根据心理社会、认知和教育研究结果,食品不安全问题会影响儿童健康。这些研究将营养不良、饥饿与高度焦虑、攻击性和心理健康问题联系起来(Jyoti et al. 2005; Kleinman et al. 1998);同时,也将困难与同龄人联系起来(Alaimo, Olson, and Frongillo 2001)。克里斯蒂安松(Kristjansson)和同事(2009)找到证据表明:在中、低收入国家,学校供膳项目可能会对学龄儿童的课堂行为产生积极的影响,但是他们也指出,需要进一步研究厘清饥饿、学校供膳项目与心理社会研究结果之间的关系。

就人道主义援助和发展而言,学校供膳项目可以作为儿童及其家庭的安全网。在儿童日常生活经常受到干扰和/或遭遇暴力的情况下,学校可以为他们提供一个安全的场所(Houinato and Maclure 2002; Retamal and Low 2010)。雷塔玛尔(Retamal)和洛(Low)(2010)认为,在这种背景下,学校既可以作为一个安全的场所,为儿童提供卫生、教育和治疗活动,还可以作为社区成员、援助机构以及所有致力于保护和帮助儿童的机构或团体聚集的场所。候依乃托(Houinato)和麦克卢尔(Maclure)(2002)讨论了1999年塞拉利昂冲突期间教育食品援助计划的实施情况,当时许多儿童面临暴力、失去亲人的痛苦以及与家人流离失所的遭遇。研究人员总结认为:重返校园可以作为一种治愈干预,儿童和他们的家人都认为重建一个有组织的教育环境是未来的希望,也是所有社区成员重要的利益所在(Houinato and Maclure 2002)。

在中、低收入国家中,现有的关于教育食品援助的资料表明,在短期内,这些项目有助于减缓营养不良儿童的饥饿,提高入学率和出勤率。证据还表明,教育食品援助能够改善心理社会效果,根据各种关于读写能力获得的有效性的研究结果,教育食品援助还可以提供一个安全网,帮助儿童和家庭增强适应力。当前,我们有两个目的:一是考察与洪都拉斯因蒂布卡省实施大规模学校供膳项目有关的儿童识字率;二是探讨家长和教师如何看待学校供膳项目对家长、学校和社区的影响,以及这

种影响在多大程度上与儿童识字率相关。我们具体的研究问题如下：

（1）家长关于教育食品援助的认识对儿童、家长和社区的影响如何？

（2）教师关于教育食品援助的认识对儿童、家长和社区的影响如何？

（3）家长和教师关于教育食品援助影响的觉察报告与儿童个体识字率的关系如何？

洪都拉斯因蒂布卡省

洪都拉斯是中美洲的一个国家，面临高贫困率、高暴力发生率和低识字率。2014年，洪都拉斯的贫困率为63.0%（INE n. d.）。根据世界银行（2016）的数据，该国经济增长缓慢的主要原因之一就是犯罪率，该国的犯罪率位居世界最高之列。洪都拉斯的谋杀率为每10万人中60人被杀（UNAH 2016），而全球认为高谋杀率的基点是每10万人中20人被杀（World Bank 2016）。相比之下，高收入国家的谋杀率平均为每10万人中2.2人被杀；中等收入国家为每10万人中6.6人被杀；低收入国家为每10万人中11.4人被杀（World Bank 2016）。2014年至2015年，洪都拉斯关于袭击和虐待的报告增加了39.8%（18 450例）。这些攻击大多是身体伤害（56.7%），其次是性侵犯（16.4%），其中15.2%是对女性的侵犯。这个国家有18个省，省下设市。本研究是在因蒂布卡省进行的——这个省的谋杀率为每10万人中33.1人被杀（UNAH 2016），是该国谋杀率较低的省份之一（UNAH 2016）。就识字率而言，2014年洪都拉斯人均受教育年限为7.8年，文盲率为12.8%（15岁以上），小学适龄儿童入学率约为92%（INE n. d.）。自2009年以来，这些指标改善了不少，当时因蒂布卡省文盲率大约是16.4%（（Municipio de Intibucá 2015），国家总体的文盲率为15.6%（INE n. d.）。

洪都拉斯的教育食品援助

美国农业部（The United States Department of Agriculture，USDA）通过麦戈文与多尔国际教育和儿童营养食品计划向洪都拉斯的教育食品援助计划提供资助。该计划通过向19个国家提供学校供膳、培训师资、扶持卫生和学校基础设施等重点关注学校的识字率、入学率和出勤率（USDA 2014）。在洪都拉斯，自2012年以来，洪都拉斯天主教救助服务机构（Catholic Relief Services，CRS）协调他们的实施合作伙伴圣罗莎德考潘教区社会牧师（the Social Pastoral of the Diocese of Santa Rosa de Copa'n，Caritas SRC）和因蒂布卡省水利综合开发中央委员会（COCEPRADII，西班牙语的首字母缩写）在因蒂布卡省17个市实施了教育食品援助计划，每年在1 047所学校中，涉及多达50 000名学生和2 000名教师。与美国农业部资助的其他教育食品援助计划一样,洪多拉斯天主教救助服务机构负责监管师资培训,基础设施扶持,学校供膳,招募和培训家长志愿者每天为学生提供食品,确保食品卫生等方面。

美国农业部通过洪都拉斯天主教救助服务机构和他们的实施合作伙伴(Caritas SRC and COCEPRADII)为基本食物配给提供粮食。基本食物包括玉米大豆混合物(corn soy blend,CSB)、植物油、红豆、黄玉米和大米。洪都拉斯政府偶尔也会为购买当地蔬菜、水果和其他当地食品提供资助。一些配料,比如糖和香料,由家长提供。在学校工作的家长志愿者(大部分是母亲)的数量取决于学校规模。规模小的学校,有 1 位家长为 15—30 个孩子做饭。学生人数超过 50 人的学校,一周有几个志愿者小组做饭,每组有 3—6 名妈妈成员。家长志愿者每周至少工作 1 天,每天大约4 小时。家长做这项工作是无偿的,但该项目也为一些志愿者(比如那些在学校供膳委员会工作的人)准备了可以带回家吃的便当。截止目前,天主教救助服务机构已经向 15 000 名志愿者发放了这样的便当。

从 2012 年至 2015 年,洪都拉斯的教育食品援助评估结果(Crea et al. 2016)显示:由于教育食品援助计划的实施,儿童识字率逐渐提高了很多。儿童识字率从基线 21.8% 和期中 41.3% 上升到 42.5%;女孩在每个时间点上的得分始终高于男孩(p<0.001)。超过 90.0% 的儿童在每个时间点都上学。本研究采用了教育食品援助计划最终评估所收集的数据。

方 法

样本

从因蒂布卡省 17 个城市的 1047 所学校中,我们随机抽取了 176 所学校进行研究。对于规模较大的学校,我们从现有的学生名册中随机选择了 22 名学生。对于规模较小的学校,我们邀请二、三、四年级所有学生都参加。所有的孩子都同意参与本次研究,所有参与数据收集的家长志愿者也都表示同意参与本次研究。最终学生样本总数为 n=3 147。在每个学校,我们邀请(二年级、三年级和四年级)教师参与研究(n=328)。校长们还邀请家长志愿者都参与每个学校的调查研究,以方便抽样(n=537)。

测量

训练有素的评审人员给每位儿童一份专门为洪都拉斯量身定制的早期阅读能力评估(the Early Grade Reading Assessment,EGRA)测试表。评审人员运用这套测试,使用一系列子任务,对读写技能进行评估(Dubeck and Gove 2015)。为了这项研究,研究人员将早期阅读能力评估中阅读理解分数设为因变量,由孩子阅读短文和正确回答有关问题的能力来衡量。阅读理解满分5分,如果孩子得5分,表明他/她是识字的(1＝识字,0＝不识字)。

通过问卷调查,评审人员向家长和教师询问了一些问题,这些问题主要与项目实施有关,也与社区凝聚力和社区暴力察觉力有关。在最终评估之前,呈送给洪都拉斯天主教救助服务机构的轶事报告表明人们对社区暴力表示担忧,比如:天主教救助服务机构开展社区巡逻,确保社区成员在上学和放学路上绝对安全。在这项研究中,我们用Likert 5分量表给每个问题打分,问题包括:"在学校吃一顿辅食有助于我的孩子在课堂上更加集中注意力"(针对家长受访者);"教育食品援助计划活动有助于减少学生在校期间的暴力行为"(针对家长和教师受访者);"教育食品援助计划活动使大社区更加团结"(针对家长和教师受访者)。

分析

在学校层面,我们对家长和教师的回答进行了均化,然后将这些分值与学生的早期阅读能力评估分数联系起来。我们使用广义线性混合统计模型来解释城市(level 3)学校(level 2)的学生(level 1)自相关,自变量包括学生年龄(以年为单位)、性别(女＝1)、年级(四年级和三年级均与二年级相比)、农村学校(与城市学校相比)、学校教师人数、Likert 5分量表变量(衡量家长和教师对教育食品援助计划如何影响社区的看法,以及他们对社区暴力的看法)。

结果

在3147名学生样本中,1330名学生(42.3％)的阅读理解读写成绩为100.0％(见表1)。双变量分析显示,女孩在研究样本中所占比例不到一半(48.6％),但更有可能识字(52.2％;p＜.001;见表1),四年级的学生比二年级或三年级的学生更有可能识字(p＜.001)。农村学校占学校总数的93.7％,但这些学校里能识字的儿童很少,忽略不计(91.4％;p＜.001)。近一半的学校(49.5％)有3名或3名以上教师,39.3％的学校有2名教师,11.2％的学校有1名教师。拥有3名或3名以上教师的学校比教师少的学校更有可能让孩子识字(54.4％)(p＜.001)。很多家长认为:孩子越专注,学到的东西越多,这与低识字率有关(p＜0.01),很多教师认为在上学途中面临安全问题也与低识字率有关(p＜.001),家长也认为该计划有助于减少学生的暴力行为(p＜.001)。很多家长和教师认为该计划有助于改善家长之间的关系,这种观点都与低识字率有关(p＜.05)。很多家长认为教育食品援助计划可以帮助更多的社区,这种观点也与低识字率有关(p＜.001)。

回归模型的类内相关性(ICC)在学校层面为0.376,在市政府层面为0.168,表明两级的识字率都存在显著差异,表明加强对多层次统计模型的需求。正如在二元关系中,多变量模型的结果显示,与二年级的学生(p<.001)相比,女孩(p<.001),以及三年级和四年级的学生最有可能识字(见表2)。年龄每增长一岁,学生识字的可能性就减小(OR=0.88,CI=0.82—0.95,p<.01)。学校每增加一位教师,学生识字的可能性就增大(OR=1.22,CI=1.07—1.38,p<0.01)。家长认为食物准备工作做得好,学生识字的可能性就增大(OR=1.45,CI=1.15—1.84,p<.01)。教师对他们在上学途中面临的安全问题的看法导致学生识字的可能性减小(OR=0.80,0.70—0.91,p<0.01)。家长认为教育食品援助计划有助于减少在校学生的暴力行为,这种观点与学生识字的可能性低有关(OR=0.63,CI=0.51—0.77,p<.001)。家长认为教育食品援助计划有助于加强家长之间的关系,这使得孩子更有可能识字(OR=1.72,CI=1.25—2.38,p<.01)。

表1　识字率的双变量关系(n=3 147 名儿童)

	总数(n=3 147) 平均值(标准偏差) 或百分比	识字(n=1 330) 平均值(标准偏差) 或百分比	不识字(n=1 817) 平均值(标准偏差) 或百分比
学生水平			
性别(女)***	48.6%	52.2%	45.9%
年级***			
二年级	31.0%	21.3%	38.1%
三年级	35.6%	34.2%	36.7%
四年级	33.4%	44.5%	25.2%
学校水平			
(Likert 量表平均分值)			
农村学校	93.7%	91.4%	95.5%
(对比城市学校)***			
每所学校的教师名额***			
一名	11.2%	9.5%	12.3%
两名	39.3%	36.0%	41.8%
3 名或 3 名以上	49.5%	54.4%	45.9%
学生更专注(家长)***	4.51(0.47)	4.48(0.45)	4.54(0.47)
学生学到更多(家长)**	4.54(0.46)	4.52(0.47)	4.56(0.45)
食物准备工作做得好(家长)	4.41(0.56)	4.40(0.51)	4.42(0.60)
社会准备食物(家长)**	4.49(0.47)	4.46(0.45)	4.51(0.47)
学生面临安全问题(家长)	1.68(0.62)	1.69(0.63)	1.67(0.62)
学生面临安全问题(教师)	2.07(0.72)	2.07(0.70)	2.06(0.73)
教师面临安全问题(家长)	1.60(0.59)	1.60(0.58)	1.60(0.59)
教师面临安全问题(教师)***	1.74(0.74)	1.68(0.67)	1.78(0.78)
教育食品援助有助于减少暴力(家长)***	4.28(0.53)	4.23(0.51)	4.33(0.53)
教育食品援助有助于减少暴力(教师)	4.34(0.60)	4.33(0.56)	4.36(0.62)

续表

	总数(n=3 147) 平均值(标准偏差) 或百分比	识字(n=1 330) 平均值(标准偏差) 或百分比	不识字(n=1 817) 平均值(标准偏差) 或百分比
教育食品援助有助于加强家长之间的关系(家长)*	4.61(0.43)	4.59(0.41)	4.62(0.44)
教育食品援助有助于加强家长之间的关系(教师)*	4.60(0.45)	4.58(0.42)	4.62(0.48)
教育食品援助有助于增强社区凝聚力(家长)***	4.55(0.50)	4.51(0.49)	4.58(0.50)
教育食品援助有助于增强社区凝聚力(教师)	4.53(0.52)	4.51(0.48)	4.54(0.55)

* $p<.05$；** $p<.01$；*** $p<.001$

讨论

这项研究结果表明了学校供膳项目非预期效益的重要性,因为它们与主要干预效果相关。家长认为食物准备工作做得很好,家长之间的关系通过项目活动得到加强,这些都与学生高识字率有关。这种动态互动表明,通过招募家长志愿者来准备食物,教育食品援助计划为增进社区凝聚力和家长之间关系提供了机会。

表 2　孩子识字率的预测因子(对数分布的广义线性混合模型 n=3 147)

	比值	置信区间	p
学生水平			
性别(女 vs 男)***	1.347	1.158—1.567	.000
年龄(年)***	0.878	0.815—0.945	.001
三年级(vs 二年级)***	2.003	1.622—2.475	.000
四年级(vs 二年级)***	4.596	3.538—5.971	.000
学校水平			
农村学校(vs 城市学校)	0.720	.511—1.014	.060
每所学校教师人数	1.215	1.072—1.376	.002
学生更专注(家长)	0.857	.598—1.230	.403
学生学到更多(家长)	0.989	.735—1.331	.941
食物准备工作做好(家长)**	1.451	1.146—1.838	.002
社区准备食物(家长)	0.750	.557—1.010	.058
学生面临安全问题(家长)	1.135	0.953—1.351	.155
学生面临安全问题(教师)	1.022	0.898—1.164	.741
教师面临安全问题(家长)	1.164	.980—1.383	.083
教师面临安全问题(教师)**	0.799	0.703—0.909	.001
FFE 有助于减少暴力(家长)***	0.625	0.508—0.770	.000
FFE 有助于减少暴力(教师)	0.938	0.778—1.130	.499

续表

	比值	置信区间	p
FFE 有助于加强家长之间的关系(家长)**	1.722	1.247—2.379	.001
FFE 有助于加强家长之间关系(教师)	0.839	0.615—1.145	.269
FFE 有助于增强社会凝聚力(家长)	0.793	0.600—1.048	.103
FFE 有助于增强社会凝聚力(教师)	1.233	0.947—1.604	.119
(ICC)组内相关性			
学校：0.376			
市：0.168			

* p<.05；** p<.01；*** p<.001

　　反过来，加强这种人际关系可能有助于改善孩子的教育，高识字率就是一个证明。作为一种纵向干预，教育食品援助计划有可能在干预本身范围之外产生连锁反应，比如：非预期效益(Kuziemsky et al. 2012)扩散到更大的社区之中(Dearing 2009)，并在教育目标之外有助于满足家长的心理社会需求(Houinato and Maclure 2002)。确实，越来越多的研究表明：在贫困的环境中，多参与学校活动有助于加强社区内的社会联系(Mutch 2016)。目前研究中特别有意思的是，家长之间更加紧密的社会联系也与高识字率有关。因此，最初的证据表明：教育食品援助计划的非预期效益可以加快实现计划中改善孩子识字的首要目标；通过积极地影响家长对社会凝聚力的感受，从而产生"回波效应"。与计划的非预期效益相比，我们需要进一步纵向研究来区别看待某种干预对识字的影响。

　　然而，社区暴力的经历对识字率会产生负面影响：教师在上学途中遭遇安全问题，识字率就会下降。似乎针对社区暴力和识字率问题的研究很少，虽然有一项研究表明，在预测孩子早期读写能力时，家庭识字可以缓解社区暴力的影响(Froiland, Powell, Diamond, and Son 2013)。就目前的研究而言，教师遭遇暴力的经历和低识字率都能说明洪都拉斯普遍存在着较高的暴力发生率(UNAH 2016)。

　　为了更深入地研究这个问题，我们进行了事后分析，考察农村学校和城市学校对暴力的看法是否存在差异。对于学生和教师来说，出现了不同的动态互动：农村的家长更有可能报告孩子在上学途中面临安全问题(p<.001)，农村的教师也同意这种看法(p<.001)。然而，城市的教师更有可能报告教师在上学途中面临安全问题(p<.001)。这些结果表明，虽然农村孩子在上学途中可能会面临更大的安全风险，但是这些经历似乎不会影响识字率。然而，对于城市地区的教师来说，经历安全风险与低识字率有关。对于这些教师来说，在去学校的路上遇到暴力事件，可能会导致他们无法持续教学，因此，学生识字因课堂教学时间的流失而受影响。

　　在这项研究中，有一个非同寻常的发现：家长认为教育食品援助计划有助于减少学生在校的暴力行为，这种想法与低识字率有关。这个问题可能既反映了学校暴力的存在,也反映了家长认为该计划有助于减少暴力的观点。实际上,从教育食品援助计划的评估来看,定性反馈揭示了一些社区存在严重的暴力风险,包括抢劫、绑架和谋杀。在社区暴力的环境下,即使这个计划有助于减少暴力,这些社区的识字率降低也就不足为奇了。在这种情况下,我们认为:教育食品援助计划减少暴力的问题,实际上,是学校暴力存在的一个风向标。

相关的互动是一组双变量关系,表明家长和教师对教育食品援助计划的评价越高,学生的识字率就越低。一种解释认为,那些学生识字率较低的学校也是在资源方面处于劣势的学校。因此,对家长和教师来说,在这些地方进行教育食品援助计划活动可能更有意义。另一种解释可能与社会期许偏见有关,在一个资源匮乏的地方,比如本研究的这个地方,家长可能更倾向于把计划的效果评价得更高,因为他们担心这个计划可能会减少或终止。然而,在缺乏反事实的情况下,我们无法完全厘清计划和其他变量的不同影响。

不足

这项研究的不足之处在于研究数据是横断面的。在调查前,教育食品援助计划就实施了。然而,就时间间隔而言,这项研究在表明干预——或干预的心理社会关联性——导致孩子识字率提高或下降方面的说服力还不够强。同样,由于缺乏对教育食品援助计划的反事实分析,这项研究还不能就因果关系提出任何主张。调查反馈可能受到家长和教师的社会期望偏见的影响,特别是当涉及家长、孩子和教师可能从中受益的项目的时候。因此,他们对教育食品援助计划有效性的特定反馈可能被夸大,也可能给这项研究带来一些非同寻常的发现。

结论和意义

本研究结果为洪都拉斯以及其他国家今后的研究指明了方向。学校供膳项目似乎与加强家长之间的社会联系有关,而这又与孩子较高的识字率有关。超越学校供膳计划的影响,这些社会联系随时间的发展在多大程度上影响孩子福利和识字率,这是以后研究的一个重要领域。在洪都拉斯教育食品援助计划的下一个阶段,研究人员和洪都拉斯天主教救助服务机构将更深入地研究孩子和家庭福利如何与计划实施和识字成果相关。这种比较全面的研究将为寻求一种更加系统和综合的方法来服务弱势儿童和家庭指明了方向(Atun et al. 2010；Bruns et al. 2016)。

在洪都拉斯教育食品援助计划实施过程中,这种整体方法的具体例子在本研究中已经出现了。我们的研究结果表明:儿童,特别是农村地区的儿童,在上学的路上似乎更容易遭受暴力侵害。这个发现促使洪都拉斯天主教救济服务机构对如何确保更大程度地保护儿童进行了深刻反省。在教育食品援助实施的下个阶段,天主教救济服务机构及其实施伙伴将针对那些暴力风险最高的社区加强学校安全巡逻。这些组织还将向教师和家长开展如何应对暴力和潜在暴力的专门培训。在因蒂布卡省，若要进一步研究社区暴力就需要评判这种暴力的来源，它是跟帮派有关，正如在洪都拉斯首都特古西加尔巴（Corona 2014）一样，还是与其他类型的犯罪有关。

这项研究还提出了许多有待探索的问题，这些问题普遍地与在中、低收入国家实施的学校供膳项目有关。贫困或灾难会导致复杂的社会环境，那么在贫困和灾难的情况下，脱离周围环境，我们能够或应该在多大程度上考虑纵向干预？正如这项研究指出，学校供膳项目可以为社区带来非预期的效益——这些效益也有助于增强孩子识字的最初效果。然而，社区暴力等环境因素也会影响项目的有效性，这在很大程度上超出了教育食品援助计划设计和目的的范围。洪都拉斯天主教救济服务机构的反应——实施学校安全巡逻，以及开展社区防暴和应急演练——就是超越了纵向提供服务或横向提供服务的方法的二分法的例子（Atun et al. 2010）。为实现儿童识字的主要目标，利益攸关方必须减轻社区暴力，进行第二套干预活动。在这种情况下，洪都拉斯教育食品援助计划采取一种对角线式提供服务的方法（Gounder and Chaisson 2012）——一种综合的、横向的干预方式——并仍然纵向地关注儿童识字。

（舒敬斌　译）

参考文献

Alaimo, K. , Olson, C. M. , & Frongillo, E. A. (2001). Food insufficiency and American school-aged children's cognitive, academic, and psychosocial development. *Pediatrics*, *108*(1),44 - 53.

Alderman, H. , & Bundy, D. (2012). School feeding programs and development: Are we framing the question correctly? *World Bank Research Observer*, *27*(2),204 - 221.

Alderman, H. , Gilligan, D. , & Lehrer, K. (2012). The impact of food for education programs on school participation in northern Uganda. *Economic Development and Cultural Change*, *61*(1), 187 - 218.

Atun, R. , de Jongh, T. , Secci, F. , Ohiri, K. , & Adehi, O. (2010). Integration of targeted health interventions into health systems: A conceptual framework for analysis. *Health Policy & Planning*, *25*(2),104 - 111.

Bruns, E. J. , Hyde, K. L. , Sather, A. , Hook, A. , & Lyon, A. R. (2016). Applying user input to the design and testing of an electronic behavioral health information system for wraparound care coordination. *Ad-ministration and Policy In Mental Health*, *43*(3),350 - 368.

Bundy, D. , Burrbano, C. , Grosh, M. , Gelli, A. , Jukes, M. , & Drake, L. (2009). *Rethinking school feeding: Social safety nets, child development, and the education sector*. https://www.wfp.org/content/rethinking-school-feeding-social-safety-nets-child-development-and-education-sector.

Cheung, M. , & Perrotta, M. (2010). *The impact of food for education program on schooling in Cambodia*. Asia and the Pacific Policy Studies (APPS). http://ssrn. com/abstract＝2507055.

Corona, T. (2014). *Peligro en escuelas de Honduras por falta de seguridad* [Danger in Honduran schools because of lack of security]. La Prensa, 5 August. http://www. laprensa. hn/sucesos/policiales/735309-98/peligro-en-escuelas-de-honduras-por-falta-de-seguridad.

Crea, T. M. , Gruenfeld, L. , & Acevedo, J. (2016). *Final evaluation report: Food for Education Honduras*. Tegucigalpa: Catholic Relief Services (CRS) Honduras.

Crea, T. M. , Gruenfeld, L. , Rosales, A. , Tambriz, G. , Molinari, J. , & Komich, K. (2015). *Midterm evaluation report: Food for Education "Learning for Life" Guatemala*. Quetzaltenango: Catholic Relief Services (CRS) Guatemala.

Dearing, J. W. (2009). Applying diffusion of innovation theory to intervention development. *Research on Social Work Practice*, *19*(5),503–518.

Dubeck, M. M. , & Gove, A. (2015). The early grade reading assessment (EGRA): Its theoretical foundation, purpose, and limitations. *International Journal of Educational Development*, *40*, 315–322.

Froiland, J. M. , Powell, D. R. , Diamond, K. E. , & Son, S. C. (2013). Neighborhood socioeconomic well-being, home literacy, and early literacy skills of at-risk preschoolers. *Psychology in the Schools*, *50*(8),755–769.

Gounder, C. R. , & Chaisson, R. E. (2012). A diagonal approach to building primary healthcare systems in resource-limited settings: Women-centred integration of HIV/AIDS, tuberculosis, malaria, MCH and NCD initiatives. *Tropical Medicine & International Health*, *17*(12),1426–1431.

Houinato, B. , & Maclure, R. (2002). The importance of education in disaster rehabilitation: The rapid education programme in Sierra Leone. In A. Jabrey (Ed.), *Children in disasters: After all the cameras have gone—A report for Plan UK* (pp. 25–33). London: Plan UK. http://www. developmentgateway. com. au/jahia/webdav/site/adg/shared/children. pdf.

INE [Instituto Nacional Estadistica] (n. d.). *Cifras de país 2015* [Country figures 2015]. Tegucigalpa, Honduras: Publicaciones INE. http://www. ine. gob. hn/index. php/component/content/article? id＝97.

Jyoti, D. , Frongillo, E. , & Jones, S. (2005). Food insecurity affects school children's academic performance, weight gain, and social skills. *Journal of Nutrition*, *135*(12),2831–2839.

Kamath, A. , & Jense, R. J. (2010). Health systems strengthening mechanism for the global health initiative. *Journal of the American Medical Association*, *304*(19),2176–2177.

Kleinman, R. E. , Murphy, M. , Little, M. , Pagano, M. , Wehler, C. A. , Regal, K. , et al. (1998). Hunger in children in the United States: Potential behavioral and emotional correlates. *Pediatrics*, *101*(1),1–6.

Kristjansson, B. , Petticrew, M. , MacDonald, B. , Krasevec, J. , Janzen, L. , Greenhalgh, T. , et al. (2009). School feeding for improving the physical and psychosocial health of disadvantaged students (review). *The Cochrane Library* (1,24 January), 1–74.

Kuziemsky, C. E. , Borycki, E. , Nøhr, C. , & Cummings, E. (2012). The nature of unintended benefits in health information systems. *Studies in Health Technology Informatics*, *180*,896–900.

Martorell, R. (1999). The nature of child malnutrition and its long-term implications. *Food and Nutrition Bulletin*, *20*(3),288–292.

Municipio de Intibucá (2015). *Atlas municipal forestal y cobertura de la tierra* [Atlas of municipal forest and land coverage] (*no. 1006*). http://icf. gob. hn/wp-content/uploads/2015/09/1006-

Intibuca-Atlas-Forestal-Municipal. pdf.

Mutch, C. (2016). Schools *as* communities and *for* communities: Learning from the 2010 – 2011 New Zealand earthquakes. *School Community Journal*, *26*(1),115 – 138.

Retamal, G. , & Low, M. (2010). Humanitarian curriculum and psychosocial interventions: An annotated bibliography. *Prospects*, *40*(4),535 – 557.

UNESCO (2012). *Youth and skills: Putting education to work*. Education for All Global Monitoring Report 2012. Paris: UNESCO. http://unesdoc. unesco. org/images/0021/002180/218003e. pdf.

UNESCO (2016). *Education for All goals*. http://www. unesco. org/new/en/education/themes/ leading-the-international-agenda/education-for-all/efa-goals/.

UNAH [Universidad Nacional Autónoma de Honduras] (2016). *Observatorio de la violencia* [Observatory of violence] (*no. 40*). http://www. iudpas. org/pdf/Boletines/Nacional/ NEd40EneDic2015. pdf.

USDA [United States Department of Agriculture] (2013). *U. S. International Food Assistance 2013*. https://www. fas. usda. gov/sites/default/files/2014-10/usda-usaid _ fy2013 _ food _ assistance_report. pdf.

USDA (2014). *U. S. International Food Assistance 2014*. https://www. fas. usda. gov/sites/default/ files/2014-10/usda-usaid_fy2013_food_assistance_report. pdf.

USDA (2016). *McGovern-Dole food for education program*. http://www. fas. usda. gov/programs/ mcgovern-dole-food-education-program.

Vilar-Compte, M. , Sandoval-Olascoaga, S. , Bernal-Stuart, A. , Shimoga, S. , & Vargas-Bustamante, A. (2015). The impact of the 2008 financial crisis on food security and food expenditures in Mexico: Adisproportionate effect on the vulnerable. *Public Health Nutrition*, *18*(16),2934 – 2942.

WFP [World Food Program] (2007). *Full report of the thematic evaluation of the WFP school feeding in emergency situations*. A report from the Office of Evaluation, No. OEDE/2007/ 06. http://documents. wfp. org/stellent/groups/public/documents/reports/wfp127463. pdf? _ ga=1. 8013938. 1583969398. 14689 35841.

World Bank (2016). *Honduras: Destacando el potencial econó mico para mayores oportunidades* [Honduras: Highlighting the economic potential for better opportunities] (*no. 103239*). http://www. wds. worldbank. org/external/default/WDSContentServer/WDSP/IB/2016/02/ 11/090224b08416f278/1_0/Rendered/PDF/Honduras000Lib0ico0sistem0tico0pa0s. pdf.

不丹和印度儿童运用自我组织式学习系统习得计算机普及技能

修伽陀·密特拉　瑞图·当瓦尔 *

在线出版时间：2017 年 10 月 5 日

摘　要　本文描述的研究是不丹政府和印度政府联合发起的不丹国家与社会赋能(Chiphen Rigpel)项目中"让教育惠及那些不曾受惠的人群"子项目中的一部分。本次研究试图通过建立凿壁上网(HiWEL)游乐场学习站(PLSs)来为不丹儿童提供计算机普及教育。本次科研的研究对象包括 14 个安装了游乐场学习站的地点(实验组)和另外 8 个没有安装游乐场学习站的地点(控制组)，但实验组和控制组有着相似的社会人口分布状态和社会经济条件背景。本文还比较了印度和不丹两国学龄儿童计算机普及技能的习得。研究结果表明，不丹儿童能够独立自主地习得计算机普及知识，并且笔者在对双方的得分进行标准化处理之后发现，不丹儿童的计

---

* 原文语言：英语

修伽陀·密特拉(英国，印度)

英国纽卡斯尔大学教授和首席研究调查员。1952 年出生于印度加尔各答，通过学习成为物理学家。他的研究方向有：有机半导体、能量储存体系、机器人、遥测遥感、复杂动态系统以及互联网、儿童与学习三者之间的关系。从 1999 年以来，他主持开展了一系列的实验，研究在并非教师指导下的儿童群体学习，大众将其称为"凿壁上网式学习"、自我组织的学习环境(SOLEs)以及"云学校"实验，这些实验获得了全球关注。他把互联网视为一种学习的促成者，认为网络促成学习在 21 世纪的网络环境中成为一种自发涌现的现象。

通信地址：School of Education, Communication and Language Sciences, Newcastle University, Newcastle upon Tyne NE1 7RU, UK

电子信箱：sugata. mitra@newcastle. ac. uk

瑞图·当瓦尔(印度)

组织心理学博士，注册心理咨询师。她是头脑冠军学习体系公司的设计与开发部主任，该公司是总部位于印度新德里的 NIIT 下属的一家子公司。在这之前她是获得了 TED2013 - 2016 大奖的"云学校项目"的项目协调员。她积极参与探索如何在城市环境按城市环境和偏远地区，通过技术来为儿童提供创新式替代教育方案。她在过去 20 多年来与修伽陀·密特拉教授一起参与凿壁上网项目的工作，并且合著发表了很多论文。

通信地址：Mind Champion Learning Systems, Ltd. , 85, Sector-32, Institutional Area, Gurgaon, Haryana 122 001, India

电子信箱：ritud@niit. com

算机技能习得水平与印度儿童大抵相似。此次研究历时一年,对研究结果的汇报时长达八个月。除了证实早前研究在印度所获得的研究结果以外,本文还暗合了以下事实:无论哪个种族、文化或国家,全球各地的儿童在使用互联网学习时似乎存在着相似的自我组织式学习机制。

关键词　普及教育　学习　凿壁上网　不丹国家与社会赋能项目　国民幸福指数

研究(Mitra 2000,2003; Mitra and Rana 2001; Mitra et al. 2005)发现,8 到 14岁的儿童能够独立自主地习得基本的计算机技能,无论他们来自怎样的社会、文化、宗教、智力背景以及所处的地理位置。这些研究结果表明,在彼此相连的环境中出现了一种新型的学习机制。对儿童在共享的公共空间中"凿壁上网"(HiWEL)学习进行一系列此类研究后,得出了支持这一理论的研究数据。

多年以来,以印度全国信息技术学院(NIIT)开展的观察和教育实验结果为基础,许多教育家和全球不少学者都已开始把凿壁上网教学实验视为一种已被实践证明的可提供非正式教育的学习模式。这种教学方法基于微创式教育(MIE)理念(Mitra 2003; Mitra and Rana 2001),即当教师把对学生学习的干预控制在最小水平时,可以利用学习环境来为学生创造一种足够充分的学习动机,引导学生以小组的形式来开展学习。

本文将汇报印度以外其他地区的研究发现,并试图证明"计算机技能"是一种适用于全球的现象,尤其是在像不丹这样一个自身还面临着诸多挑战的国家。在此次研究过程中,本文笔者证实了十多年之前在印度所开展的最初的凿壁上网实验。本文将分为两个部分:第一部分将评估在不丹 22 个实验地点得到的实验结果,这其中包括 14 个安装了凿壁上网游乐场学习站(HiWEL PLSs)的地点,而作为控制组的另外 8 个地点则没有安装这类设备。本文的第二部分将对比分析不丹儿童和印度儿童自学计算机普及知识的学习水平。

研究背景

印度全国信息技术学院(NIIT)通过其设在新德里卡尔卡基的认知系统研究中心开展了最初的凿壁上网实验。现在作为 NIIT 的一家子公司,凿壁上网教育公司正在继续着这项工作。最初的实验包含在公共场所的砖墙上凿出孔洞来安装电脑,而这就是"凿壁上网"这个名字的由来。通过这种方式,研究者们为儿童提供了在自然生活环境中接触电脑的机会,即在安全的公共场所让儿童能够轻易获得电脑上机的机会,让儿童可以在不受家长干预的前提下自行使用电脑。最初的研究结果表明,儿童有能力浏览网页、玩游戏、画图、聊天、收发电子邮件、创建文件甚至获得正式教育（Bloomberg Business Week 2000；Cohen 2000；Frontline/World 2002；Inamdar 2004；Mitra 2000，2003；Wullenweber 2001）。这种教育方式被定义为"微创式教育"，意味着儿童在学习计算机技能的这一过程中并未受到或者只受到了最低程度的成人干预。

　　在此次实验中，笔者在不丹重复了与上文相同的实验过程，但相比最初的印度实验，本文使用的实验工具运用了更有活力的工程设计，并把这种设计称为游乐场学习站——由凿壁上网教育公司研发。每一台游乐场学习站单元由一台使用合适的框架安装在一面墙体或任何固体结构表面或内部的计算机构成。事实上，一台游乐场学习站看上去非常像一台银行的自动取款机（ATM），但是那块大大的屏幕却安装在和儿童身高相仿的高度。每台游乐场学习站都提供了大量的内容，其中包括游戏、教育软件、视频等。在合适的时间段和地点还提供了因特网接入。比如，参见图1和图2。

图1　印度一处早期的凿壁上网实验地点

图2　位于印度马丹吉尔的凿壁上网游乐场学习站

根据 Mitra 和 Rana(2001)的调查发现,"任何学习者都能够通过偶然学习来习得基本的计算机技能,其前提是学习者有机会接触合适的计算机设备,该设备应当含有娱乐性和激励学习性质的内容,以及最低限度的(成人)指导"。这种最低限度的成人指导被称为"微创式教育"(MIE)。所有的实验结果都表明,无论儿童的智力成熟程度或其社会文化或经济背景存在多么大的差异,儿童都有能力自主地学会怎样去使用电脑和网络(Mitra and Rana 2001)。Mitra 在接受彭博商业周刊(2000)的一次访谈中提出,计算机普及教育对儿童和成人是一样的,除了以下差异,那就是儿童通常会创造出自己的象征和隐喻来习得计算机技能:

> 儿童的学习渴望和好奇心驱使他们去探索环境,以满足自己的好奇心。在儿童探索环境的过程中,他们会把新的体验与自己早前的经验相联系,而此时,他们实际上就在进行新的学习。该实验结果的意义和影响绝不仅限于计算机普及知识,也适用于整体上的教育。

在之后的研究(Dolan et al. 2013;Mitra and Crawley 2014;Mitra and Dangwal 2010;Mitra and Quiroga 2012)中,研究者们发现了大量此类学习证据,这导致学界最终创造了一个新的术语:"自我组织式学习环境"(SOLEs)。自我组织使学习环境能够复现学校内部或其他封闭区域中的凿壁上网环境,并且广泛为全世界各地的学校所运用。

不　丹

国家背景

不丹位于中国与印度之间喜马拉雅山脉东段南坡,是南亚一个被群山环绕的小国家。而群山峻岭的地理天堑,让这个国家得以保持自身独一无二的文化身份。不丹分为四个地区,并进一步划分为 20 个宗,202 个格窝,5 000 多个自然村。

不丹不仅是一个群山环绕的国家,且其地势高低尤为悬殊,海拔差距冠绝全球。其海拔高度从 100 米到 7 500 米不等。其人口数量只有 716 896 人,分布在 38 394 平方公里的国土上,国土面积中的 73% 为森林所覆盖(National Statistics Bureau 2007),90% 的不丹人口生活在农村地区。不丹极为陡峭且不稳定的地理地貌以及分散太为稀疏广泛的人口让任何开发政策都显得非常脆弱和昂贵(Tobgay and Wangmo 2008)。

不丹的教育体系

从 20 世纪 70 年代开始,不丹开始使用一种非常独特的发展方式:以国民幸福指数(GNH)来衡量国家成就。根据这一理念,一个国家的发展所拥有的维度并不仅仅局限于那些与国内生产总值或国民生产总值相关的因素,国家发展应当被理解为以下过程:追求让国民幸福变得最大化,而不是一味追求经济发展(Gross National Happiness Commission 2011)。用以指导不丹发展变化的国民幸福指数包括五个主题,它们分别是:人类发展、良好的政府施政、平衡公正的发展、对文化和传统的悉心保护、环境保护(Royal Government of Bhutan 2004)。教育被视为人类发展的一部分,然而,过分崎岖的地形和过度分散的定居点让政府很难在每一个社区都建立正式学校,尽管政府在这一方面提供了极其高昂的教育经费支出。

教育现状

印度政府向不丹皇家政府提供了经济援助,帮助后者实施不丹国家与社会赋能项目。不丹在 2010 年发起了这个项目,最初将其命名为"全面解决方案"(Ministry of Education 2010),并与不丹信息技术与电信部、信息与通讯部以及印度全国信息技术学院合作,开展了为期五年的项目建设。

其中一个子项目是"让教育惠及那些不曾惠及的地区",该子项目旨在为那些生活在偏远地区、从未接触过信息技术或正规教育的人提供服务。印度全国信息技术学院在这些地区设立了凿壁上网游乐场学习站,分几个阶段安装了电脑。在第一阶段,印度全国信息技术学院安装了 50 台游乐场学习站。笔者选取了其中 14 个站点,这些站点主要位于不丹西部和中南部地区。

不丹面临的挑战

尤其需要重视并知晓的一点是,不丹面临着很多由地形和其他问题造成的教育挑战,而所有这些挑战都对凿壁上网游乐场学习站的使用造成了影响。

使用机会:凿壁上网游乐场学习站往往安装在那些远离学校和儿童家庭的社区中心。因此儿童必须步行前往这些社区中心去使用凿壁上网游乐场学习站。这对学习站的使用产生了负面影响。

地形困难:学校往往位于非常偏远的地区,而孩子们需要步行 30 分钟至 2 小时才能抵达学校,并且回家时还会消耗相同的时间。因此儿童无法在学习站逗留较长时间。

学校授课时间:在不丹,学校的授课时间大致是早上 8 点到下午 4 点。山区入夜往往很早,而学生们必须在天黑之前赶回家。此外,有些儿童还必须帮助父母料理农务或别的家务,而这进一步限制了他们在学习站的时间。

儿童接触计算机的机会:本文研究的那些学校中绝大多数并不向儿童提供使用电脑的机会。有可能在一些比较罕见的个例中,学生或许在家或者在假期中见过或者操作过电脑。有些学生或许只在电视上见过电脑。

在周六周日使用操作游乐场学习站：尽管理论上来说，学生可以在周六（只有半天课程）和周日（没有课）使用游乐场学习站，但游乐场学习站只在周一至周五运营。绝大多数学生只能在放学后的几小时内访问游乐场学习站，因此他们在游乐场学习站的有效学习时间是 90—120 分钟。

本次研究

研究目的

本文的主要研究目的是了解不丹 8 岁到 14 岁的儿童能否在上文描述的环境和条件下自主习得计算机技能。

本文的第二个研究目的是探究是否有可能将本文第一研究目的所获得的研究结果与几年前在印度所开展的实验结果进行比较。这种比较能为我们提供线索去了解未受学校监管的学习的底层运作机制。

学习站的地理位置和受访儿童背景

在运营第一批凿壁上网游乐场学习站中，本文从 50 个站点中选取了 14 个来自不丹西部和中部地区的站点作为本文的研究对象。来自这些站点的儿童成为本文的实验组。我们另外挑选了 8 个地点，这些地点位于与实验组相同的地区，但是并未安装凿壁上网游乐场学习站，本文将把这些地点作为控制组。

受访学校绝大多数拥有农村地区背景；其中一些是半农村背景。访问游乐场学习站的学生年龄段是 6 岁至 14 岁之间，该群体的平均年龄是 10 岁至 11 岁。受访学校中的绝大多数只提供小学阶段的教育（最高到八年级）。

绝大多数的受访学生来自非常贫困的家庭背景，父母往往是农民或者附近的工厂工人，或者矿工。绝大多数的学生父母是文盲。

研究设计

此次研究的理论基础有：认定计算机使用技能是基于一定的情境的（改编自 Gee 2001）；同伴合作式学习环境能够促进计算机使用技能的自主学习、能力和相关性目标（Deci and Ryan 2012）。因此笔者认为有必要采取一种实用的教学理念（Onwuegbuzie et al. 2009）让我们有机会把客观现实（例如，用图标联想量表测试来测量学生的计算机能力）与构念现实（例如，计算机使用是情境化的社会交往会促进计算机学习，因此这种学习是可观测的）相结合。本文使用了标准化的实验设计，对实验组和控制组的儿童在实验开始时和实验结束后分别施测了相同的基准式计算机普及知识测验。

实验组

在实验组中,每个站点随机选取了25名学生作为研究对象。因此,实验组的样本容量是来自14个实验站点的350名儿童(表1和表2列举了这些学校和儿童数量的细节)。

控制组

本文选取的控制组儿童来自与实验组相同的地区,也有着相同的社会经济背景。本文选择了8个地点,每个地点选取25名儿童。因此控制组的样本容量是200人。控制组没有机会接触凿壁上网游乐场学习站(详见表2)。然而必须指出的一个重要事项是:虽然控制组的儿童并没有机会接触到凿壁上网游乐场学习站,或者也没有机会接触到学校的计算机,但其中一些控制组儿童仍可能有机会在家里或者在假期中接触到计算机。其中多数可能在家里见过计算机,另外一些儿童或许跟着父母在旅游过程中到过那些安装了游乐场学习机的地区,又或者曾经与那些操作过游乐场学习机的儿童有所交流。笔者假定这些并非常态的偶然式的计算机接触机会(那些令人迷惑的变量)并不会以显著的方式影响此次科研的结果。

表1 实验组样本的构成

学校编号	学校名称	样本人数	地区
1	菲森德基社区小学	25	不丹西部
2	加斯洛初级中学	25	不丹西部
3	比杰纳社区小学	25	不丹西部
4	夏珀尔初级中学	25	不丹西部
5	吉恩萨小学	25	不丹西部
6	桑田干小学	25	不丹西部
7	佩里桑中学	25	不丹中南部
8	洛贝萨初级中学	25	不丹西部
9	庞纳社区小学	25	不丹中南部
10	代金初级中学	25	不丹中南部
11	沙邦初级中学	25	不丹中南部
12	吉美修林初级中学	26	不丹中南部
13	唐初级中学	25	不丹中南部
14	兰戈中学	25	不丹西部

表 2　控制组样本的构成

学校编号	学校名称	样本人数	地区
1	旺达初级中学	25	不丹西部
2	丘美中学	24	不丹中南部
3	门答腊社区小学	25	不丹西部
4	腾科林小学	25	不丹西部
5	洛戈达马小学	25	不丹西部
6	克鲁桑初级中学	25	不丹西部
7	吉格梅林初级中学	24	不丹中南部
8	杰勒福初级中学	26	不丹中南部

样本容量

本次科研的样本总容量是 550 名儿童。其中实验组 350 人，控制组 200 人。

研究工具

为研究计算机普及知识的习得，本文使用了图标联想量表测试（Mitra et al. 2005）。笔者曾在 2000 年至 2005 年首次开展最初的凿壁上网实验时开发并汇报了这种测试的结果。该测试的要点如下：

儿童描述一个图标（此次实验中指 Windows，Office 环境）功能的能力与他们的计算机普及知识技能直接相关。这种能力与他们使用的究竟是光标还是下拉式菜单无关。事实上，随着儿童对该应用熟悉程度的提升，例如当他们越来越熟悉上网浏览或者文字处理时，他们能够更好地猜测应用中所显示的某个图标究竟意味着什么，即使他们之前从未使用过它。Mitra 等人（2005）在与其他测试进行了严格的相关性验证后汇报了这个研究结果。

测试施测者可以用纸笔考试形式或在户外施测这种测试。

笔者在另一份论文中详细描述了这种测试（Mitra et al. 2005），因此在此不再赘述。针对本文的研究目的，笔者把图标联想量表测试成绩作为测量学生计算机普及知识的工具。

测试开发者在设计图标联想量表测试时，希望能够测量儿童辨认那些常用的计算机图标，并把它们与其所发挥的功能相联系的能力。儿童会根据自己的理解和使用来发明和形成自己的词汇，并用这些自己生造的词来命名这些图标。基于这种认识，测试开发者在设计量表时，让量表独立于图标的名称或与图标相关的应用名称。测试邀请儿童使用自己所熟悉的语言来给出一段短小的描述，表述"他们用这种图标来干什么"或者"看到这个图标时,他们会联想到什么"。此次测试并不要求或期待儿童知道这些图标的官方名称,但是如果儿童的确知道,那么他们也可以写出这种图标的正式名称。

此次测试包含了按功能区分的五大类别中的 77 种图标:这些图标来自微软 Office 软件、计算机常用图标、因特网图标、微软画图软件图标和文本格式图标。

研究时长

本次研究持续了 12 个月,但作为研究对象的儿童有机会接触到游乐场学习站的时长是八个月。这是因为在学校考试期间,儿童不被允许使用游乐场学习站。另外由于学校在冬季放假,在此期间学生也无法使用学习站的电脑。由于不丹的冬天极其寒冷,绝大多数家庭会移居到更为温暖的地区去居住。

在进行研究的八个月中,游乐场学习站在周一至周五早 9 点到傍晚 5 点开放。此外,正如上文所揭示的那样,学生在周一至周五大约有 90 分钟至 120 分钟的时间可以使用学习站。

研究结果

笔者将以下方式来汇报研究结果:首先,笔者将汇报总体上的计算机普及知识习得现状,然后再按照不同地区和站点分别详述。在结果的第二部分,本文将对印度儿童和不丹儿童的计算机普及知识习得进行比较和分析。

图 3(请将其与表 3 和表 4 一起阅读)表明,实验组和对照组的基础是相等的(基准线为 1%,标准差是 2%),这表明实验组和对照组一开始都不具备计算机普及知识。在研究开展了八个月之后,研究发现,实验组和对照组的计算机知识习得出现

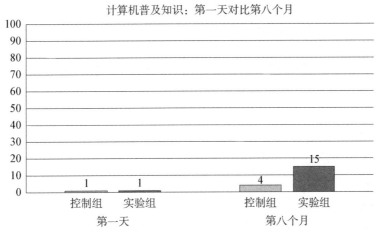

图 3　测试第一天和测试八个月后的实验组 VS 控制组

了显著差异。实验组实现了 15% 的计算机普及知识率,而相比之下,对照组只有 4%。也就是说,在研究开展的八个月内,使用凿壁上网游乐场学习站的儿童自主习得了一定的计算机普及知识。

表 3　前测:平均数 T 检验(独立样本测试)

计算机普及知识前测	样本容量	平均值	标准差	T 值	自由度	(双侧)显著性
控制组	199	.69	1.806	1.36	549	.173
实验组	352	.51	1.300			

表 4　后测:平均数 T 检验(独立样本测试)

计算机普及知识后测	样本容量	平均值	标准差	T 值	自由度	(双侧)显著性
控制组	199	3.622	4.944	−18.927	549	.000
实验组	352	15.270	7.843			

　　值得我们注意的一个有趣的现象是,控制组的计算机普及知识在实验期间也实现了一点点的增长。为什么控制组儿童在生活中完全接触不到计算机的前提下,他们的计算机普及知识也会有所增长呢?笔者无法解释控制组的这种增长。笔者猜测,这种增长或许是由泄漏效应所造成的。笔者无法知晓控制组的儿童是否与实验组儿童曾经有过交流,以及/或者控制组儿童曾经随家庭旅行到过那些安装了游乐场学习站的地区,因而意外接触到了计算机,以及其他类似情况。对游乐场学习站的好奇心或许也是一个非常重要的因素。如果上文提到的泄漏的确发生过,那么在那些相对更难前往那些邻近的安装了游乐场学习站的地区,控制组的这种提升应该幅度更小。事实上,在下文所给出的实验结果汇报中,笔者发现不丹中南部地区由于地形更加崎岖,因而上述假设在该地区确实成立。

按地区细分后的计算机普及知识习得

西部地区

　　图 4(请将其与表 5 和表 6 一起阅读)以图表的形式展现了不丹西部地区的研究结果。从图上可见,在实验开始时,实验组和控制组水平基本相同(处于基准线),也就是完全不具备任何计算机知识(平均值是 1%,标准差是 2%)。在实验结束后,有机会接触到凿壁上网游乐场学习站的儿童取得了 18% 的习得率——比最初的基准值提升了 17%。与之形成对比的是,控制组——也就是那些没有机会接触到游乐场学习站的儿童——只提升了 4%。

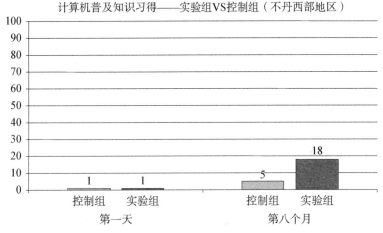

图 4　不丹西部地区的计算机普及知识习得：实验组 VS 控制组

表 5　对计算机普及知识的初始测验进行的平均数 T 检验（独立样本测试）

计算机普及 知识前测	样本容量	平均值	标准差	T 值	自由度	（双侧）显著性
控制组	125	1.075 3	2.183 61	1.668	325	.096
实验组	202	.736 1	1.490 77			

表 6　后测：平均数 T 检验（独立样本测试）

计算机普及 知识后测	样本容量	平均值	标准差	T 值	自由度	（双侧）显著性
控制组	125	5.064 9	5.648 28	−16.450	325	.000
实验组	202	17.458 5	7.154 80			

中南部地区

图 5（请将其与表 7 和表 8 一起阅读）以图表的形式展现了不丹中南部地区的研究结果。从图上可见，在实验开始时，实验组和控制组的水平基本相同（处于基准线），也就是完全不具备任何计算机知识。在实验结束后，实验组——也就是那些有机会接触凿壁上网游乐场学习站的儿童——取得了 12% 的计算机普及知识习得率；与此同时，控制组——也就是那些没机会接触到凿壁上网游乐场学习站的儿童——仅仅提升了 1% 的习得率。或许中南部地区崎岖的山区地形导致了控制组儿童与实验组儿童之间的交流非常少，而在那些拥有游乐场学习站的地区，崎岖的地形也导致了实验组儿童彼此之间的交流更少，因而该地区实验组的数据提升幅度也相对较低，并且控制组儿童的习得几乎没有任何提升。

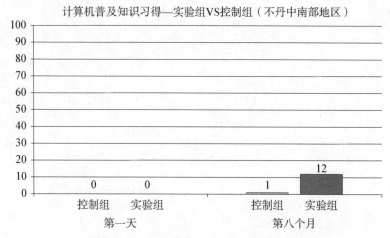

图 5　不丹中南部地区的计算机普及知识习得：实验组 VS 控制组

表 7　前测：平均数 T 检验（独立样本测试）

计算机普及 知识前测	样本容量	平均值	标准差	T 值	自由度	（双侧）显著性
控制组	74	.035 1	.237 72	−1.447	222	.149
实验组	150	.186 2	.881 69			

表 8　后测：平均数 T 检验（独立样本测试）

计算机普及 知识后测	样本容量	平均值	标准差	T 值	自由度	（双侧）显著性
控制组	74	1.184 6	1.588 25	−12.186	222	.000
实验组	150	12.320 3	7.772 92			

对比分析：印度和不丹

　　图 6 使用的数据来自最初的凿壁上网实验（Mitra et al. 2005）以及本文上述部分所测得的实验数据，该图显示，印度儿童的初始得分是 6.65%，相比之下，不丹儿童的初始得分是 0.51%。换而言之，在测试开始时，相比已经拥有了一定基础的印度儿童，不丹儿童几乎没有任何计算机普及知识。

　　在实验进行了八个月之后，印度儿童的得分是 38.18%，而不丹儿童的得分是 15.27%。看上去似乎不丹儿童的成绩表现要比印度儿童差；但是这种表面的观察是不准确的。平均来说，印度儿童每天使用学习站的时间是平均 4 到 5 小时，不丹儿童使用学习站的时间只是平均 1 到 2 小时。这种差异的原因列举如下：

　　正如上文所述，在不丹学习站往往位于社区中心，而这些社区中心往往离学校

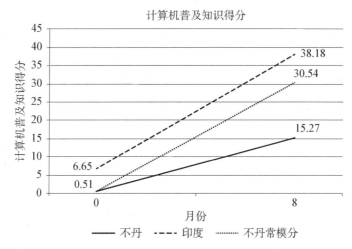

计算机普及知识得分

图 6 对比分析印度和不丹的计算机普及知识习得，以及对不丹数据的预测

非常远，因而给儿童使用这些学习站造成了很大的困难。此外儿童需要徒步很长一段距离才能抵达学校。因为学校不允许儿童缺课，或者独自外出去使用这些学习站，这最终导致儿童只有在上学前和上学后的几分钟内使用这些游乐场学习站。实际上，他们使用游乐场学习站的平均时长在 1 到 2 小时之间。正如上文所述，不丹儿童在周末并没有机会使用这些学习站，因为学校在周末放假。因此与能够在周末使用学习站的印度儿童相比，不丹儿童的学习站使用时长进一步降低。印度儿童的另外一些优势包括：安装学习站的地点位于一些非常方便抵达的地区，儿童所在社区对学习计算机知识持积极的态度。笔者从早先的印度实验了解到，印度儿童的计算机普及知识测验得分随着使用时长的增加而提高。

因此，为了比较印度儿童和不丹儿童计算机普及知识技能的习得，笔者决定对不丹所取得的使用时长实验数据进行常模处理。笔者认为，如果不丹儿童对游乐场学习站的使用率能够翻倍——达到平均每天四小时的话——那么他们所取得的习得成就也会翻倍，正如早先印度实验所发现的印度儿童实验结果那样。

图 6 展现了这种常模化处理后的得分，从该图可以看出，不丹的数据与印度的数据出现了匹配。笔者使用直线来连接初始得分和最终得分。这种常模化数据处理的基础是：先前的印度实验数据展现出了一种线性关系（Mitra et al. 2005），即在开展实验的八个月里，在印度的几个地区所开展的每月观察表明成绩的提升与时间长度存在线性关系。另一种处理数据的方式是把得分和时间长度转化为一种（线性）"学习率"（即每个单位的使用时长中的得分提升量）。

在印度的案例中，笔者预估八个月的使用时长是 960 小时（八个月乘以每月 30 天乘以每天四小时的使用时间）。初始的平均得分是 6.65 分，而实验结束时的平均得分是 38.18 分，也就是在 960 小时之后，提升了 31.47 分。因此印度儿童的学习率是每使用一天学习站,得分就会提高 0.0328。

　　在不丹的案例中,笔者预估八个月使用时长是 480 小时(八个月乘以每月 30 天乘以每天两小时使用时间)。初始的平均得分是 0.51,而实验结束时的平均得分是15.27,也就是在 480 小时之后得分提升了 14.76。因此不丹儿童的学习率是每使用一天学习站,得分就会提高 0.0308。

　　图 6 所展现出的另一个有趣的结果是印度数据的斜率与常模化后的不丹数据的斜率几乎一样。事实上,如果笔者抹消两者的初始差距(不丹 0.51 分,印度 6.65分),那么这两条线条甚至会彼此重叠。这是否意味着两次实验中存在着相同的学习过程呢? 笔者将在下文中对此进行简短讨论。

　　为了能够获得更详细的对学习站如何运作的认知,笔者也记录下了来自教师和校长的口述,以此帮助我们认识教师和校长是如何看待游乐场学习站的。2011 年 3月开展了以下这些访谈。笔者也调查研究了儿童所使用的计算机应用软件。图 7展示的就是一个典型的教室环境。

图 7　正在参加测试的不丹儿童

桑田干小学信息通讯技术(ICT)课程教师凯拉什·素巴说:

　　　　我们的学生非常幸运,能够体验到由不丹教育部发起的"凿壁上网式计算机教育"提供的计算机学习机会。丰富多样的学习媒介让计算机学习变得可能。然而在充分使用这些设备的过程中,我们也遇到了很多问题和困难。

　　　　学习站并不设在学校内。因此要在 40 分钟之内前往学习站所在地区并使用这些设备,对学生造成了不小的困难。要步行前往学习站进行学习,然后再走回来上课是件非常累人的事。因此学校也无法提供一门独立的计算机课程。

但是我们仍然多次告诉学生附近的社区中心拥有这种学习站,并且在课余时间也会指导学生使用这些学习站。

如果这类设施能够安装在学校内部的话,我们会更为感激。那样将会让学生更方便地接触到并且更充分地使用这些学习站。

萨庞宗吉格梅林初中副校长说:

格窝游乐场学习站的建立给我校学生带来了极大的好处,让他们有机会接触到现代科技,并且拥有第一手的学习经验。不仅如此,它还帮助我们学校的儿童更有效地度过他们的课余时间。同样它也间接地帮助我们的儿童习得世界上那些先进的技术。

但是如果学习站所在的中心能位于学校内部的话,那么将会变得更为有用。那样的话,所有的学生都能利用这些设备,并且花更多的时间上机来熟悉这些设备的使用。

菲森德基社区小学社区小学教师切米·多吉(Chhimi Dorji)说:

旺杜福德朗宗范集约格窝的凿壁上网游乐场学习站真正地让菲森德基社区小学的学生受益匪浅,不仅仅是在计算机普及知识方面的学习,也在其他各方面的学术相关课程中,让他们获益良多。不仅仅帮助我们学校的学生学会了基本的计算机技能,同时学习站也为学生学习其他课程提供了丰富的信息。

学习站是一笔非常大的财富,帮助我们接触到过去没能接触到的信息,因此,为了更好地造福我们的在校儿童,我们希望这个教学项目能够一直持续下去。我们由衷地感谢 Chiphen Rigphel 项目(凿壁上网),感谢你们能够帮助我们的学生提升他们的计算机普及知识和技能。

比杰纳社区小学校长希林·旺迪(Tshering Wangdi)说:

来自凿壁上网项目的一位研究成员拜访了我们学校。该项目是与工业与商业部(MOIC)合作的印度全国信息技术学院的子项目之一,也是不丹国家与社会赋能项目中的"惠及那些不曾惠及群体"要素的体现。这位研究员就儿童是否知晓学校附近的游乐场学习站开展了研究。在我看来,我校附近的这个游乐场学习站在很多方面都给我校带来了极大的好处,仅列举如下:

给儿童提供了实际使用信息通信技术课程知识的机会。

教师指导下的学习/学生自主独立学习。

　　在快乐中学习。

　　解决相关教师短缺的问题。

　　学生在使用学习站前后,发生了巨大的变化。

　　在我校试图寻求技术支持时,不丹国家与社会赋能项目的所有员工总会随时响应。我校非常感谢所有技术员长期以来对我校提供的帮助。

　　通过使用现有设备,我校儿童进一步提升了自身的信息通信技术知识。

　　因此我校希望借此感谢相关项目主任,感谢不丹国家与社会赋能项目,感谢项目经理,感谢凿壁上网,感谢印度全国信息技术学院廷布分部,以及感谢相

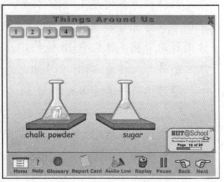

图8　儿童使用学习站时的屏幕截图举例

关学习站的负责人,谢谢你们长期以来为我校提供的所有支持。你们为我校所提供的信息通信技术设备和相应的技术支持让我校受益匪浅。

萨庞初级中学校长叶实·谢尔顿(Yeshi Seldon)说:

我们学校非常感谢你们能够在离学校三公里处安装凿壁上网游乐场学习站。然而也因为学习站离我校儿童和教师有点远,因此我校获得的收益并不多。有部分我校学生住在该地区,但是据他们反映说,在傍晚放学回家时路经该学习站时发现学习站已经关门了。因此我想在此建议凿壁上网项目相关方把学习站建设在离学校更近的地方,以便能够让我校师生获得更大的收益。从而让不丹国家与社会赋能项目所委派的在校计算机专员能够发挥更大的作用。

远程监控系统

远程监控系统所捕捉到的与在学习站使用应用程序和学习内容相关的数据;这些数据表明,学生的确有在持续使用学习站(参见图8)。

结　　论

本次研究的主要目的是调查8到14岁的儿童群体是否有能力在获得使用学习站的机会后,自主习得计算机普及知识。本文的研究结果表明,相比那些没有机会接触学习站的儿童,获得这种机会的儿童在计算机普及知识测试中获得了统计学意义上更高水平的分数。换而言之,统计数据让我们有95%的信心得出以下结论:通过使用凿壁上网游乐场学习站,不丹儿童的计算机普及知识习得率有了显著的提升。数据同时表明,通过增加儿童使用计算机的机会,能够进一步增大学生习得计算机普及知识的收益。

游乐场学习站通常安装在社区中心,其中很多都远离学校。其结果是给学生在下午放学后接触并使用这些设施造成了更大的困难。笔者同时还观察到,很多学校在午休时间段并不允许学生去访问使用学习站,其原因不一而足。如果学校在允许儿童于上课时间段内使用游乐场学习站这件事上发挥更积极作用的话,数据表明这将给学生带来更大的积极影响。

另一个值得讨论的有趣现象是为何本次不丹调查所得到的进步率数据与早前的印度实验有如此高的一致性。本文笔者之一密特拉长期以来一直在观察和记录在不同的情境下,在不同的国家中,那些未受教师指导的学生自行学习使用因特网的情况(Dolan et al. 2013;Mitra 2014;Mitra and Crawley 2014;Mitra and

Dangwal 2010；Mitra and Quiroga 2012）。学术界对这种学习有着不同的称呼，比如"最低程度侵入式教育"或"自我组织的学习环境"（SOLEs）。

笔者提出，本文所观察到的在这些多样化的未受教师指导情境下的学习过程是自我组织系统的实例（这种系统在自然科学和数学中也被称为"复杂动态系统"）。"一个复杂的系统一定会包含大量彼此互动的组成元素（参与者、过程等），而这些组成元素的整体活动是非线性的（也就是并不能从个别组成元素的活动的总和推导出整体活动），通常这种整体活动在选择性压力下会非常典型地展现出有层次的自我组织"（School of Informatics and Computing 1999）。

复杂系统展现出"涌现式特质"或"自发的秩序"，笔者认为这也是在自我组织的学习环境（SOLEs）中发挥作用的一种机制。在游乐场学习站操作计算机的儿童的行为受到了在一旁观察和提建议的其他儿童的影响。接下来来自计算机和因特网的反馈也会进一步影响正在操作计算机的儿童的下一步行动，也影响在旁提建议的小伙伴。换而言之，每个儿童的状态会影响到所有围绕在学习站周围其他儿童的状态；而计算机和因特网所显示的内容又会进一步帮助修正这种集体的动态状态。这种集体行为构成了一个复杂动态系统，从一种平衡转向了另一种平衡，而每次转变都以学习的形式创造出了一种自发的秩序。

未来的研究可能会进一步澄清这种迷人的、富有话题性的替代式教学形式，而这种学习将会影响全世界的儿童和互联网。

（朱　正　译）

参考文献

Bloomberg BusinessWeek（2000）. Interview of Sugata Mitra. https://www. bloomberg. com/news/articles/2013-11-11/the-false-promise-of-classroom-technology.

Cohen，D.（2000）. Slum children get free Internet access. *The Guardian*（17 October）. https://www. theguardian. com/education/2000/oct/17/itforschools. schools5.

Deci，E. L. ，& Ryan，R. M.（2012）. Overview of self-determination theory. In R. M. Ryan（Ed.），*The Oxford handbook of human motivation*（pp. 85－107）. New York，NY：Oxford University Press.

Dolan，P. ，Leat，D. ，Mazzoli Smith，L. ，Mitra，S. ，Todd，L. ，& Wall，K.（2013）. Self-organised learning environments（SOLEs）in an English school：An example of transformative pedagogy? *Online Education Research Journal*，3(11). ISSN 2044－0294.

Frontline/World（2002，October）. *Kids'-eye view：Looking through the hole in the wall*. http://www. pbs. org/frontlineworld/stories/india/kids. html.

Gee，J. P.（2001）. Reading as situated language：A sociocognitive perspective. *Journal of Adolescent & Adult Literacy*，44(8),714－725.

Gross National Happiness Commission, Royal Government of Bhutan (2011). SAARC development goals mid-term review report. http://www. gnhc. gov. bt/wp-content/uploads/2011/12/SAARC-DEVELOPMENT-GOALS-BHUTAN. pdf.

Inamdar, P. (2004). Computer skills development by children using "Hole in the Wall" facilities in rural India. *Australasian Journal of Educational Technology*, *20*(3),337 – 350.

Ministry of Education, Royal Government of Bhutan (2010). *Annual education statistics*. http://www. education. gov. bt/documents/10156/12525/Annual+Education+Statistics.

Mitra, S. (2000). *Children and the Internet: New paradigms for development in the 21st century*. Talk given at the Doors 6 conference of the Doors of Perception, Amsterdam. https://medium. com/web-design-1-0/review-of-doors-of-perception-6-conference-lightness-2001-aba252bdb43e. Accessed May 30,2017.

Mitra, S. (2003). Minimally invasive education: A progress report on the "hole-in-the-wall" experiments. *British Journal of Educational Technology*, *34*(3),367 – 371.

Mitra, S. (2014). The future of schooling: Children and learning at the edge of chaos. *Prospects*, *44*(4),547 – 558.

Mitra, S., & Crawley, E. (2014). Effectiveness of self-organised learning by children: Gateshead experiments. *Journal of Education and Human Development*, *3*(3),79 – 88.

Mitra, S., Dangwal, R., Chatterjee, S., Jha, S., Bisht, R., & Kapur, P. (2005). Acquisition of computing literacy on shared public computers: Children and the "Hole in the Wall". *Australasian Journal of Educational Technology*, *21*(3),407 – 426.

Mitra, S., & Quiroga, M. (2012). Children and the internet: A preliminary study in Uruguay. *International Journal of Humanities and Social Science*, *2*(15),123 – 129.

Mitra, S., & Rana, V. (2001). Children and the Internet: Experiments with minimally invasive education in India. *The British Journal of Educational Technology*, *32*(2),221 – 232.

Mitra, S., & Dangwal, R. (2010). Limits to self-organising systems of learning—The Kalikuppam experiment. *British Journal of Educational Technology*, *41*(5),672 – 688.

National Statistics Bureau, Royal Government of Bhutan (2007). *Statistical yearbook of Bhutan*. http://www. gnhc. gov. bt/absd/? page_id=58.

Onwuegbuzie, A. J., Johnson, R. B., & Collins, K. M. T. (2009). Call for mixed analysis: A philosophical framework for combining qualitative and quantitative approaches. *International Journal of Multiple Research Approaches*, *3*(2),114 – 139.

Royal Government of Bhutan (2004). *Bhutan information and communications technology policy and strategies (BIPS)*. http://unpan1. un. org/intradoc/groups/public/documents/apcity/unpan040891. pdf.

School of Informatics and Computing (1999). *Complex systems modelling: Using metaphors from nature in simulation and scientific models*. Indiana University website. http://www. informatics. indiana. edu/rocha/publications/complex/csm. html.

Tobgay, S., & Wangmo, K. (2008). Can ICT (Internet) overcome the natural geographical barriers of Bhutan in developing the nation? *International Journal of Education and Development using Information and Communication Technology (IJEDICT)*, *4*(4),148 – 158.

Wullenweber, W. (2001). Das loch in der wand. *Stern Magazine*, *42*,97 – 102.

神奇岁月：马达夫·查万画像

沙丽妮·穆克吉 *

在线出版时间：2018 年 3 月 12 日

摘 要 20 世纪 90 年代初，孟买贫民窟中形成了一种理念，并由此发展成为解决为印度所有儿童提供优质教育问题的人民运动。这篇文章介绍了马达夫·查万 (Madhav Chavan) 博士，他为这一使命/运动提供了动态的愿景和创造性的领导。查万博士结合了中国古代哲学家的智慧和快餐店模式的经验教训，发展教育创新，使儿童和青年得以学习。他对大数字背后人类价值观坚定不移的关注，以及他对所有学习核心的喜悦和奇迹的颂扬，是印度遥远村庄正在展开的教育故事的重要组成部分，并为社会变革提供了动力。本文试图展示他对印度教育创新的贡献。

关键词 识字 布拉罕 马达夫·查万 社会变革

"如果你把学习的全部控制权交到孩子们的手中会怎么样？"马达夫·查万博士在辞去布拉罕教育基金会 (Pratham Education Foundation)——这家他在 1994 年与人共同创立的，以确保每个印度孩子都能上学、都能学得好的非营利机构——CEO 两年半后还在思考着相关问题。上述问题是其中最重要的一个，因为他继续以他目前高度关注开拓新的领域：旨在将技术与基于活动的学习相结合的数字学习创新。在我对查万博士的采访中，他说道：

---

* 原文语言：英语

本文是基于与查万博士的对话以及有关他的故事写成的。除非另有引用，本文中出现的查万博士的引文都来自我在 2017 年 12 月 20 日对他采访的记录。

沙丽妮·穆克吉(印度)

新德里独立作家、研究员和编辑。她的游记、散文、书评，以及对环保主义者、艺术家、哲学家、电影制作人和作家的采访都曾出现在《印度教徒报》《亚洲书评》《瞭望》《第一城市》(First City)、《贵妇的手指》(The Ladies Finger) 和《装饰》(Papercuts) 上。她拥有德里大学芮姆女子学院 (Lady Shri Ram College) 的英国文学硕士学位。

通信地址：New Delhi, India

电子信箱：shalini. mukerji@gmail. com

　　我在很多方面都是一个修补匠，把事情搞清楚，找到答案，把事情做好，做些事情，就这样。最终，你会在认真研究中学到一件事：你不能放弃。就好像狗不会放弃它的骨头一样。这是这样的吗？这是唯一的方法吗？为什么不发生这种情况？为什么不发生那种情况？这是即兴的问题，不断地叩问我们如何能使它变得更好，而且大多数时候，这是常识。这个"让我看看会发生什么……"已成为我的全职工作。一旦你被你想做的事情所驱使，事情就会发生。

　　查万博士继续担任布拉罕的董事会成员，负责其职业培训和数字学习创新。他比以往任何时候都更专注于发掘印度的潜力。他最近前往哈里亚纳邦比瓦尼区（Haryana's Bhiwani）的村庄阿拉克普拉（Alakhpura），去见那里的足球教练。这个村庄每天有300多名女孩和男孩进行训练，以试图在这个女性与男性比例全国最低、对妇女的压迫和犯罪发生率很高的邦，努力营造公平的竞争环境。尽管困难重重，阿拉克普拉已经培养了一些最优秀的女足运动员。查万博士决定碰碰运气。他曾要求布拉罕的传播团队拍摄阿拉克普拉女孩如何教孩子们踢足球的教学视频。整个村社都对该项目感兴趣。"想象一下，"查万博士说，"乡村女孩在视频中指导其他的乡村女孩如何踢足球！为什么教育只能出现在教科书中而不是游戏中？我迫不及待地想在音乐方面也做同样的工作！"和查万博士谈话有点像读一本引人入胜的书，会等待情节的意外进展。几乎总有一个问题，这个问题包含在一个紧迫的、引人注目的问题中，它是关于还能做些什么，如何以不同的方式更有效地完成事情，以及让他的眼里闪烁特殊的光芒，并让他的同事做好行动准备的问题——"下一步会怎么样？""当你开始工作时，就会产生新的想法。这就是和我一起工作的缺点！"众所周知，他会对同事们窃笑。

　　或许，对于一个成长于电影偶像是工人阶级英雄的时代，他们对现状和不平等感到不耐烦而带头变革的时代的人来说，这种习惯性的质疑是很自然的。对于一个以潜能为研究中心的化学专业的学生来说，这样不断的试验也许是可以预料到的。（正如查万博士所说，"我们想知道如何利用水来产生巨大的能量，并且因为最终产品也是水，所以没有浪费——这是我们的梦想"。）或许，对于一个在拿到博士学位后不久就返回印度，然后招募志愿者参加成人扫盲、环境卫生，以及最令人瞩目的儿童教育（其规模之大、精力之大、前所未有）等领域的激进运动的人来说，这种大胆的创新并不令人意外。查万博士认为"当你不教育某人时，那就是对潜能罪恶的浪费"。查万博士在教育和社会工作方面的职业生涯，实际上，他的整个人生，都是一个充满变革和实验的旅程，深深地扎根于一种独特的社会变革理论中，这种理论在布拉罕教育基金会的发展中一再得到证实。

　　要写一部思想和生活如此复杂和丰富的全面传记几乎是不可能的，这也是查万博士不愿鼓励的项目。他坚定地认为"你必须对人们有用，而不是小题大做"，他更喜欢用批评而不是庆贺的方式来对待自己的工作。他总是强调还有很多事情要做：

> 当你有一定的信念和想法时，你就不会谦虚。在某种情况下你又是谦虚的。众所周知，牛顿曾说过："对我自己来说，我只是一个在海滩上玩耍的孩子，而展现在我面前的浩瀚的真理海洋，却全然没有发现。"从各方面来看，牛顿并不是一个谦虚的人，但他知道他所做的事情甚至没有触及到外部知识的表面！这就是你所需要的那种谦虚。

因此，本文试图介绍查万博士在教育方面的贡献和创新，并突出他动态愿景中一些颂扬所有学习核心的快乐和奇迹的里程碑事件。

马达夫·查万于 1954 年 6 月 30 日出生在孟买，当时的印度正处于政治、经济和社会动荡的激烈时代和环境，在独立的头十年里，印度正在试行一个包容和进步的民族主义的理想。他深情地回忆起在学校假期访问历史名城科尔哈帕（Kolhapur）的情景，他的祖父母，一大群表兄弟，以及他与六七十年代在充满政治色彩的孟买一起长大的同志和工团主义者的互动。在由卡塔尔基金会设立的，旨在促进用富有想象力的方法来应对教育挑战并奖励教育方面的杰出贡献的 2012 年世界教育创新峰会（World Innovation Summit for Education，WISE）教育奖的获奖感言中，查万博士提请注意古老的智慧，即抚养一个孩子需要全村人的心力：

> 我站在许多人的肩膀上。我的祖辈都是非常有趣的人。一个是企业家，另一个是积极参与社会改革的正义的人。我的祖母和外祖母来自大家庭，她们都是有智慧的女人。我母亲是一位富有创造力的老师，非常受学生欢迎。我的父亲是一名致力于工人阶级的社会工作者。他的朋友和同事们把我抚养成人。

他的父亲是一名自由斗士和工会活动人士，于 1942 年被逐出印度共产党。他与一些被开除的同事一起，创立了红旗党（Lal Nishan Party），试图将共产主义理想应用到马哈拉施特拉邦的工作中。

在一个白天是办公室、晚上是睡觉的地方的家庭中长大，查万博士亲身体验了社区网络的重要性。

> 有时我们会忘记社区和社会环境在孩子的成长过程中扮演着怎样的角色，会产生怎样的影响。这是一个孩子从中学习的完整环境。教育太重要了，不能把它单独留给政府。它是关于人们也要负责、也要采取行动的问题："让我看看我能做什么。"

查万博士一定是从他在马哈拉施特拉邦度过的时光里下意识地吸收了社会行动主义的思想。这个国家爱它的英雄，其中包括：贾特拉帕蒂·希瓦吉(Chhatrapati Shivaji)，他不仅因为他的正义感而闻名，也因为他建立平民军事领导抵抗并智取了阿迪沙阿(Adilshah)和莫卧儿王朝(Mughals)的非常规战略而闻名；19世纪的社会改革家贾提巴(Jotiba)和萨维特里·浦勒(SavitriPhule)，他们反对种姓歧视，并在浦那(Pune)建立了第一所由印度人开办的女子学校；戈帕尔·克里希那·戈卡莱(Gopal Krishna Gokhale)，戈帕尔·加内什·阿戈科尔(Gopal Ganesh Agarkar)和玛哈瑞希·卡尔威(Maharishi Karve)是不分种姓和性别，为所有儿童提供普及教育的积极支持者；还有科拉布尔(Kolhapur)的沙胡·玛哈拉吉(Shahu Maharaj)，他在马哈拉施特拉邦实现了免费义务教育。沙胡·玛哈拉吉本人将查万博士的祖父招募到他的司法部门，在那里查万博士的祖父成为一名高等法院法官。沙胡·玛哈拉吉为贫困学生和来自低等种姓的学生设立了宿舍，并且是第一批为达利特人(Dalits)预留有保障的工作的人。

除了这些激发年轻人想象力的英雄故事，以及他喜欢的科拉布尔美食的火辣味道一样有影响力的故事之外，在他成长的过程中，查万博士还有他直系亲属的榜样。从小就受到如此鼓舞人心的影响，让他回忆起了自己上七年级之前与老师的早期互动。他特别记得他的美术老师派他去参加初级绘画考试，结果他通过了。"她在年会上给了我一个钢杯。那是我对她非常美好的一段回忆：她教我们，下班后留下来帮助我们，对我们非常友好。"这种在"超出职责范围"还对孩子感兴趣的教师的例子引起了他的共鸣。查万博士对他母亲的记忆也是如此，"一位富有创造力的地理老师，但放学后也花时间和学生们在一起，教他们如何制作自己从书本上学来的毛绒玩具和纸花。"

查万博士回忆道，在八年级之前，他一直是一个冷漠的学生，当时"在学术领域有一种经验是很突出的，它能让人明白某些事情的来龙去脉"。他的母亲对他在数学和科学上的低分感到沮丧，所以给他报名了私人课程。

她坚信我是世界上最有智慧、最聪明的孩子，"为什么你不能考更高的分数呢？"她会问我。像大多数孩子一样，"别管我"，我会告诉她。她坚持要我去一个很有名的补习班，我的表兄弟都已经参加过，后来他们成了工程师，这是最可怕的部分，因为那样你就必须成为一名工程师！负责补习班的人看着我："你来这儿不是因为你想学习，你来这儿是因为你妈妈把你带到这儿来的，是不是？"我没有回复。然后他说："如果你想学习，就来吧，但是如果你打算浪费你妈妈辛苦赚来的钱，那就不要来了。"这让我感到震惊，我认为这是一个挑战。

他开始起得比平时早，搭上巴士去参加早上6:30的课，回家匆匆吃早饭，然后坐当地的火车去上学,车程 45 分钟。

> 说"你想做这件事吗?"这句话的影响……这是我们需要解决的问题,无论是孩子还是任何其他人。这根本不在我们的成长计划中。我们知道,任何有所成就的人一开始都想做点什么。在公众系统中,这就是问题所在。除非你接近学习者,否则你无法挑战学习者。你可以给予奖励,金钱,但这还不够。人总是要做一些不同的事情,大的或小的,挑战。

在大学期间,查万博士参与了学生政治、罢工、饥民救济活动、无地劳动者的斗争。1975 年的突发事件是,当时印度处于专制镇压之下,加上政治极端主义正在排挤左翼理想主义,这让 21 岁的查万重新将注意力转向了他的学业。他从孟买科学研究所获得化学硕士学位(1978 年),之后在俄亥俄州立大学攻读化学博士学位(1983 年)。在得克萨斯休斯敦大学担任了三年博士后研究员和客座助理教授之后,查万博士回到了印度。他记得当时父亲问他:"你认为未来 30 年会发生什么?"他还记得自己惊愕的反应。"我刚刚找到一份工作!我没有时间思考未来 30 到 40 年会发生什么事情!"如今,在他父亲有先见之明的问题提出将近 30 年之后,在一个被信息技术改变的世界里,查万博士和他父亲一样,迫切希望能适应时代的变化。在 2017 年 5 月接受哥伦比亚大学师范学院授予他杰出贡献奖(Medal of Distinguished Service)的演讲中,查万博士留给观众的问题与他父亲曾敦促他思考的问题几乎相同:

> 在工业革命之前,世界是一个非线性空间。工业革命带来了流水线生产。现在,有了信息技术,技术的主要特点成了它以非线性的方式塑造你的生活。我们的教育系统,我们学习的方式,是一个线性过程,一个注定要失败的过程……幼儿想要的成长方式与系统提供的内容之间存在着矛盾。这不仅仅是教育孩子,而是关于抚养孩子的事。全球社会将如何帮助儿童成长,学习价值观?

查万博士对教育领域的参与是以非线性的方式开始的。1988 年,当他还在孟买大学化学技术系(现为孟买大学化学技术学院)担任高级讲师时,一场旷日持久的教师罢工促使他写信给当时的印度总理拉吉夫·甘地(Rajiv Gandhi),讲述该国糟糕的教育状况。随后,教育部长 Anil Bordia 向查万博士发出了挑战,让他想出一个解决方案。这一挑战促使查万博士于 1989 年在孟买贫民窟发起大规模的成人识字运动,作为国家素质行动计划(National Literacy Mission)的一部分。1990 年,查万博士为印度国家电视台——全印电视台——主持了一档广受欢迎的成人识字节目,名为阿克沙德哈拉(Akshardhara)。在黄金时段每两周播放一次，这些剧集有音乐、小品，通过对文盲、教育专家和晚年学习的人的采访，以唤起和激发人们学习阅读和写作的积极性。即使在那时，重点仍然是在贫民窟中找到自己的人，以便在其紧邻的社区教育他人。他现在对该节目的受欢迎程度轻描淡写，并说："幸运的是，它是当时唯一的频道，所以没有任何竞争！"然而，该节目的成功证明了他广泛的爱好——音乐、摄影、技术和天文学，仅举几例——是如何激发他的工作的。根据联合国儿童基金会(UNICEF)的一项倡议，商界、民间社会和政府共同努力，寻找解决孟买贫民窟初等教育不足问题的办法，1994年，查万博士和他人共同创办了布拉罕教育基金会。起初，这个新组织努力争取人力、财力和技术资源。布拉罕依靠从受过高等教育的医生到辍学的志愿者，迅速进行了大规模的调查。一些人建议他们进行教师培训，另一些人建议他们把失学儿童带入学校。后来，查万博士听说市立学校的老师说最重要的是让学龄前儿童做好入学准备。当时没有针对穷人儿童的学前教育中心。然而，有一个自我维持的学前教育中心的现有模型。布拉罕稍稍改进了这个模型，以便它可以在孟买拥挤的贫民窟中使用，那里有许多高中辍学的年轻女性渴望工作。利用这一劳动力，基金会在贫民窟、寺庙/清真寺大院和其他共享社区空间以及人们的家中开设了数百个学前教育中心。通过这种方式，布拉罕为基于社区志愿者、大规模、可复制、具有可测量结果的工作创造了DNA。其余的，正如他们所说，就是历史了。

2015年斯科尔社会企业家奖(Skoll Award for Social Entrepreneurship)宣布查万博士为2015年的获奖者时就庆祝了这一点。这些奖项由斯科尔基金会(Skoll Foundation)设立，旨在确定变革推动者，他们的创新对世界上一些最紧迫的问题产生了重大的、经证实的影响，并直接投资于对规模产生更大影响的承诺。在接受奖项时，查万博士反思道："印度是一个人口众多的国家，有时人类的价值观会迷失。这是我们必须克服的问题。我不知道什么时候能克服，但我们需要实现这个目标。"认识到每个人的潜能——点燃对自己能力的信心——也许是布拉罕最有活力的贡献，也反映了为查万博士的毕生事业提供灵感的人道主义价值观。

对教育的贡献

总部位于斋浦尔(Jaipur)的非营利组织教育与发展研究学会(Society for Study of Education and Development)主任莎拉达·嘉恩(Sharada Jain)也许最恰当地描述了查万博士的学习方法。她将《色彩》视为"经典的马达夫"。《色彩》是查万博士为非营利性儿童图书出版社撰写的一部短篇小说。2004年，为了填补印度儿童阅读和学习高质量、价格合理的语言书籍的空白，布拉罕成立了独立的出版社。正是这本书使嘉恩在我们夏天的午后讨论我在2011年为布拉罕图书公司(Pratham Books)

做的一份实地报告中关于孩子们喜欢读什么书时感到欣喜。查万博士的故事是关于我们周围世界的一系列问题:"为什么天空是蓝色的? /它并不总是蓝色的。是吗?"这让她觉得很新颖:

> 当我第一次读到这本书时,我认为我必须把它带到学校,带到老师那里去,因为我们经常泛泛而谈,而马达夫的书打破了这种泛泛而谈。这真是太棒了!这是马达夫所独有的——简单的几句话,他就跳出了框框!"为什么叶子是绿色的? /它们并不总是绿色的。是吗?"突然之间,我们意识到我们必须要有独立的个体! 书本没有给出任何有关判断、道德、教导的东西。作为孩子,我们总是发现从行为中吸收东西更容易,而不是为我们把价值理论化。看看你自己——你是否不再是一个孩子?

这种发人深省的孩子般的好奇心和兴趣让布拉罕欢快的黄色黑板标志有了生气,上面写着:"让每个孩子有学上,并且学得好。我们所有的活动都是为了解决教育系统和社会中的差距或需求。我们的目标是实现规模上的高影响力和低成本。"事实上,随着查万博士及其同事不断质疑事物的本质,布拉罕已经在不断的实验中成长起来。今天,布拉罕的影响范围和投资组合已扩展到整个印度,其项目包括早期儿童教育、小学和小学高年级组的基础和补习教育、教师培训、职业培训、数字学习、社区图书馆以及被迫从事童工劳动的孩子的营救和康复。布拉罕网站上的2016—2017"进展计量表"(progress-o-metre)估计,通过跨越印度 23 个邦和联邦地区的直接教学—学习干预,布拉罕已经拥有了 612 435 名儿童;培训了 24 162 名青年;并招收了 4 330 名辍学者。其以社区为基础的外联项目覆盖了 523 471 名儿童,与地方政府的伙伴关系使 450 万名儿童受益。

布拉罕背后的理念是什么? 查万博士不喜欢严肃的话语,他引用了古代中国哲学家老子①的话说:"走近人们,与他们一起生活,向他们学习,真正去关爱他们。从他们知道的开始,以他们拥有的为基础。但是,有了最出色的领导者,当工作完成,任务完成的时候,人们会说:我们靠自己成功了。"他经常使人大吃一惊的是,他同时用快餐店的比喻来解释布拉罕在规模和范围上是如何增长的。

> 麦当劳、乌迪皮和中餐馆的企业经营模式对于了解布拉罕的传播非常重要。复制、扩大和传播是三个不同的东西。麦当劳是一个复制和扩大规模的模式。乌迪皮或中餐厅是"传播"模式。菜单看起来一样,但各个地方的风味各不

---

① 这一段话据传为老子所言,但查阅资料后认为这段话并非老子所言,另一种说法为中国 17 世纪的一位哲学家所言,出处亦不详。——译者注

相同。人们拥有餐馆的所有权，并满足当地的需求。管理层不控制当地餐馆的传播模式。在印度这样的国家，认为在基础教育领域你可以通过控制人来控制质量是一种谬论。一旦有了"菜单"，人们就必须取得所有权并行使所有权。我唯一能控制的是对账户和程序的原始设计；从那以后，我必须相信他们会做正确的事。当我们开始工作时，甚至连手机都没有。我只需要相信那些去野外的人。

他经常嘲笑已故的库姆德·班塞尔（Kumud Bansal）夫人，她是一名公务员，在政府职业生涯的大部分时间里都在处理教育问题，曾经开玩笑说他的确是一个聪明的人，因为他有很多疯狂的想法并让其他人去追逐它们！查万博士同意她的观点：

> 我很难有退缩的时候。非常凑巧的是这些领导人从前线来领导。我是从后方来领导的——我实际上并没有去开设任何学前教育中心，而且在经历了一段时间后，我也没有去见老师，成长的步伐就是这样……我的理念是分权并把控制权交给其他每个人。为了赋予他人权力，你必须首先剥夺自己的权力。

20 世纪 90 年代中期，查万博士及其同事在孟买贫民窟工作期间，意识到孩子们并没有学会如何阅读。他们知道，如果一个人无法阅读，他或她就不能独自前进。查万博士及其同事想出了一个解决方案，即学习阅读计划（Learning to Read programme）和学习营（Learning Camps）。查万博士借鉴了他女儿是如何学习阅读的经验——从母亲读给她的睡前故事中获取字母和单词的声音和形状。用查万博士的话说，当轮到他给女儿朗读时，他"喜欢耍花招"，让他好奇的是这个三岁的孩子在他跳过单词的时候居然注意到了。在一位教授提请他注意《巴拉哈里》（barakhari），或称《字母表入门》（alphabet primer）是一个声音的编码-解码图表之后，他创造性地使用了此表。不久之后，布拉罕团队就想出了如何让孩子（8 岁及以上）在 30 到 50 天内流利地阅读，以及如何利用当地的志愿者和低成本的材料的方法。该团队将其学习成果分享给试图教授阅读的社区人员，也分享给邦政府，因为他们认识到邦政府在提供教育方面发挥着最重要的作用。

接下来，布拉罕希望让更多的人意识到，无论孩子的成绩如何，他们都需要学习阅读。布拉罕改进了用于评估学习阅读实验的测试工具，最终发明了一种新工具，即教育年度报告（Annual Status of Education Report，ASER），这是一项由公民主导的全国性的学习水平调查。教育年度报告首次对印度教育质量低下的问题进行了量化。

与其他有关学习成果的数据一起，它迫使国家和邦政府以及当地社区认识到，当 50% 的孩子即使在低于他们原有等级两或三个级别也无法阅读和做数学时，仅仅送孩子上学并不能转化为学习。一旦教育的重点从入学转向学习,布拉罕团队的下一个自然步骤,即 2007 年读懂印度(Read India)运动,就是把教育不足的问题带到印度 35 万多个村庄,更重要的是,如何解决这个问题。自那时以来,这一旗舰方案根据布拉罕团队在实地执行方案的经验以及通过外部进行的评价所取得的见解逐步发展,以确保语言和数学方面的基本学习成果。虽然这种模式的实施可以采取多种形式(例如与政府教师或经过稍许训练的志愿者/辅助教师一起,在上学期间或课外时间),但其关键组成部分包括在学年或课程开始时评估学生的学习水平,根据他们的学习水平而不是年龄或年级对他们进行分组,并使用适合水平的材料,而不是基于严格的国家课程。学习营,即以社区为基础的模式,在当地招募和培训志愿者的帮助下,布拉罕团队通过 10 到 20 天短期爆发的营地活动和游戏,在互动的环境中提供指导,旨在干预结束前将大多数学生转移到最高能力组,这样他们就能够理解地阅读基本文本,有信心做基本的算术运算,并能以口头和书面的方式表达自己的意见。"图书馆"活动可以使学习成果得以保持。成群的孩子定期在校外聚会,开展活动,并得到周围人的帮助。它旨在鼓励家庭和社区参与和投身儿童的学习。在 2015—2016 年和 2016—2017 年期间,布拉罕在印度 18 个邦的约 5 000 所公立小学开展了学习营,有接近 30 万名儿童参加。政府合作模式涉及培训政府学校教师,让他们在每个教学日的指定时间到学校授课。在过去的十年里,布拉罕与麻省理工学院的阿卜杜勒·拉蒂夫·贾米尔贫困行动实验室(Abdul Latif Jameel Poverty Action Lab, J - PAL)合作,通过严格的影响评估来评估这两种模式,这些评估表明,按照学生的水平调整课堂教学方向在提高考试成绩方面一贯有效。随着该模式在印度取得成功,肯尼亚也已经实施了类似的项目,并且加纳正在开展一项试点,以了解在适当水平上的教学如何在加纳发挥作用。

这提供了一个例子,说明查万博士是如何做事、如何发现问题,然后从头开始寻找解决方案的。一群人在尝试不同事物,开发了一个完全本土化的模型,测试其功效,然后分享他们的经验,并广泛传播他们成功的方法。创造性的领导力、非常规的想法、创新的解决方案和有感染力的活力,这些都是查万博士的特点,就像布拉罕随心所欲的(通常是激烈的)讨论和开放的沟通渠道一样。

> 我认为这是一个非常印度化的社会,或者我们可以说,带有某种功能的古老社会:我们聊天,交谈,争辩,就像一个持续不断的会议,人们一直在交谈,非常随意,它鼓励人们的参与。这点很重要。思想在集体努力中发展。进入发展阶段的人的文化是关于"我想改变世界",我无法理解那种想要改变世界的痴迷。我们从未着手改变这个世界——这是一项必须完成的工作。很多事情都是因为不满而发生的。

最近一篇关于为穷人制定基于证据的政策文章(Banerjee and Duflo 2017)强调了查万博士对这种工作的实验方法。阿卜杜勒·拉蒂夫·贾米尔贫困行动实验室——一个使用随机评估来回答关于如何最好地解决贫困的关键政策问题的全球性研究网络的教授阿比吉特·班纳吉(Abhijit Banerji)和埃丝特·迪佛洛(Esther Duflo)在文章中写道：

> 布拉罕因为无视那些指责他们只是在触及问题表面的教育专家而茁壮成长。他们敏锐地意识到为所有印度儿童提供优质教育的问题是巨大的——确实太大了，以至于还没有人开始以布拉罕最终通过其卓越的教育年度报告的调查方式来量化它……从一开始，布拉罕就认为我们达到这个目标的唯一方法就是尝试不同的想法，某种程度上是为了找到一些移动这座山的杠杆，某种程度上是作为一种诊断工具……从那以后，布拉罕和我们的阿卜杜勒·拉蒂夫·贾米尔贫困行动实验室同事(包括我们)共同开展了十几项随机对照试验(Randomised Controlled Trials)。除此之外(以及我们在随机对照试验场边进行的许多对话)已经出现了一个简单但有影响力的理论，解释了学校教育为什么会失败。最终，我们相信，教育系统中的每个人都把注意力集中在少数几个从早期开始就被标记为成功的孩子身上。苛刻的教学大纲不允许大多数教师退后一步，帮助落后的孩子赶上进度，尽管在极少数情况下，当他们这么做时，会有显著的积极成果。这就是布拉罕和阿卜杜勒·拉蒂夫·贾米尔贫困行动实验室现在正共同向世界各国政府推广的"在适当的水平上教学"(TaRL)的理念。

查万博士的特长在于，他能够思考解决方案的具体细节，同时也能思考如何以让每个人都能参与执行的方式广泛地实施解决方案。对布拉罕工作的表彰就是为了颂扬这种无法仿效的、经久不衰的品质。(让查万博士感到自豪和满意的是，在每一个案例中，布拉罕都被提名获奖，但从来没有积极争取过。)2017年，查万博士荣获哥伦比亚大学师范学院授予的最高荣誉"杰出服务奖章"(Medal for Distinguished Service)。2014年，旨在表彰在科学研究和文化创作领域做出的重大贡献的国际奖项——西班牙对外银行基金会前沿知识奖(Banco Bilbao Vizcaya Argentania Foundation Frontiers of Knowledge Award)对布拉罕的转型工作表示了致敬。同年，亚洲协会(Asia Society)将查万博士评为"2014亚洲创变者"(2014 Asia Game Changer)。该奖项旨在表彰那些为亚洲和世界的未来带来变革和积极影响的人。

查万博士获得了2012年世界教育创新峰会教育奖，该奖项被广泛认为是教育领域的诺贝尔奖。正如世界教育创新峰会网站上所记载的那样，世界教育创新峰会主席阿卜杜拉·本·阿里·阿勒萨尼博士(Abdulla bin Ali Al-Thani)在授予该奖项时说："他的故事结合了社会企业家的热情与科学家的耐心和方法。他的方法表明，成功创新最重要的资源是明晰的愿景、决心和将未被认可的能力应用于共同事业的能力。"2011 年斯科尔社会企业家奖颁发给查万博士时,斯科尔基金会总裁兼首席执行官萨莉·奥斯伯格(Sally Osberg)称赞他"改变了印度儿童识字和教育的方式。他坚定不移地坚持普及教育,并致力于让社区志愿者参与扫盲工作,这些工作已经惠及了 3 400 多万儿童,为全世界提供了一个经过验证的模型"。

在人们寻找布拉罕无与伦比的故事背后的意义/使命的地方,查万博士找到了"富有诗意的东西":

> 我们的信心是,如果你做得好,并且富有想象力和有效性,那么人们就会支持你。从规模和测量的角度来谈论布拉罕是为了描述布拉罕工作的基本原理。布拉罕富有诗意的东西在哪里?它存在于聚集在一起的人群之间,存在于他们的相处之间,存在于动态机制的运作之间。传播很重要。这是一个团队的努力,这个团队由若干个"我"构成,"我"是把团队黏合在一起的黏合剂。正是许多人的技能和勇气,他们有主人翁意识,采取主动,承担领导责任,建立团队,面对不熟悉的情况,勇往直前,把事情做好。我只是布拉罕的一面。在野外工作的人才代表布拉罕的本质特征,这是布拉罕成长和传播的美丽之处。它是由普普通通的平凡人共同参与的事情。它改变了你是谁以及你是什么。它与印度和印度人建立了奇妙的联系。

查万博士对社会企业家精神的独特诠释引起了布拉罕许多个人捐助者的共鸣,他们明白为需要的人提供成功的机会是多么重要。布拉罕的许多支持者和拥护者都是成功的企业家,他们记得有人是如何在他们身上冒险,有一次,整个村庄的人都来资助他的教育。查万博士希望这个由因为拥有所有权和主动权而崛起的本土企业家和领袖组成的社区的社会资本将支持布拉罕的职业培训计划,该计划叫做"先学习,后付费"(Learn Now,Pay Later)。布拉罕协会向来自贫困家庭的年轻人(18—25 岁)传授就业技能,并为他们提供 10 个主要职业的入门级实习和创业机会,包括酒店、医疗保健、美容、建筑、汽车维修和电气工作。"先学习,后付费"计划要求从这项强化职业培训计划毕业的青年从他们的收入中拨出一笔象征性的款项,以部分资助那些没有政府或公司赞助的人。

> 我们要求受我们资助的受训人员:如果你已经为生活做好了准备,那么为什么不回馈呢?这超出了工作和技能的问题。你告诉人们你可以做得更多,你所取得进步的这个工具实际上将会帮助你做一些不同的事情。我们正在改变动员的模式。

　　查万博士对信息技术的兴趣似乎把他带到学习曲线上的另一个转折点。混合学习计划(Hybrid Learning Programme)是一项基于平板电脑的数字干预计划,旨在将学习的控制权交给儿童。该计划是布拉罕的一项实验,旨在解决印度每个年级或年龄组学习水平的巨大差异。它的目标是将技术与基于活动的学习相结合,并将重点放在个体学习者身上。

　　　　还有一个更重要的问题:除了修伽陀·密特拉(Sugata Mitra)[最著名的是他的"墙洞"("Hole in the Wall")试验和"云端学校"("School in the Cloud")的想法,他是英国纽卡斯尔大学教育、交流和语言学学院的教育技术教授],世界各地,正在制定技术规则来服务于当前的课程和当前关于教育的思考。但这根本不是这项技术的意义所在!这项技术完全是另外一回事!它给你自由,使你能够走向不同的方向,访问不同的信息来源,并从中学到某些东西。

　　我们熟悉维克多·雨果(Victor Hugo)的观点,即"没有什么比一个时机成熟的想法产生的威力更强大的了"。听到印度各地村庄里的孩子们(通常是第一代学习者)是如何使用布拉罕平板电脑以及它给孩子们带来了什么启发的故事后,把智能技术交到孩子手中似乎是一个时机已经成熟的想法。目前,在马哈拉施特拉邦、北方邦和拉贾斯坦邦的农村地区,从五年级到八年级的儿童社区团体共享这些平板电脑。这些平板加载了当地语言和当地环境中不断更新的优质内容,并可脱机使用,鼓励学习者找到自己正确的学习路径。孩子们在布拉罕平板电脑上玩科学和数学的互动游戏,他们想出了自己的实验,设计了样板房,甚至还有空调!这些第一代讲英语的人通过角色扮演和机械地模仿布拉罕平板电脑里的对话练习他们的英语,甚至制作了短剧。这证实了查万博士的怀疑:

　　　　说设备是用于学习的是一回事,但它可以成为做其他事情的触发器。因此,设备的影响不仅仅是你使用设备时间的长短,还有它会带来什么。很多事情是我们没有想到的;例如,我们从未预料到孩子会开始使用平板电脑附带的照相功能!这正是我们的偏见所造成的——无论你思想多么解放,你都是你那个时代的产物,当我们教孩子时,孩子实际上学到了别的东西。有趣的是它如何触发你的某些东西,让你想要学习一些东西,或者让你想要展示你正在学习的东西。

　　混合学习计划已经从2016—2017年的400个村庄扩展到2017—2018年的约1 000个村庄。

　　最近,布拉罕开展了一个试点项目,要求25个村庄的农村社区儿童拍摄有关他们所处环境的视频,以了解儿童手中的学习工具能够触发什么。这个想法是建立在这些孩子已经拥有知识库的基础之上,这个想法正在变成查万博士的一种信念。

我们一开始就说"让每个孩子有学上,并且学得好"。后来我转向了"不是每个孩子都有学上,但也能学得好"。也许我们犯的最大错误就是没有把重点放在母亲帮助孩子这件事上。这本来是一种免费的、影响巨大的方法,母亲不必真的去教孩子,但却能提供帮助。今天,有了平板电脑,这种情况可能真的会发生。你不需要教,你只需要在那里说,"很好"。这就是修伽陀·密特拉告诉我们的,我同意他的观点。这与教学无关;它是关于要求学生,在他们的脑海中触发一个学习的过程。它不仅仅关乎母亲;而是关乎周围所有的人。教育一个孩子需要一个村庄的人,而人们从不认真对待。许多农村地区的儿童来自农业家庭。他们在泥土中玩耍长大,周围有植物和树木,他们会照顾动物,然后你教他们植物的某些部分,或植物繁殖,作为生物课的一部分!相反,我们应该利用这一课来加深他们的理解。没有人看到这一点,他们只是想看看自己是否学过英语。

试点项目中的孩子们组成了团队并热情地拍摄了视频。一旦视频完成,他们的父母也会参与进来,并给出如何做得更好的建议,检查信息是否准确,然后孩子们再回去重新拍摄。

这样做是因为在他们的头脑中触发了一个学习过程。这也导致了在孩子们中间更重要的事情——"我知道""我是重要人物"的感觉,还有做得更好、做得与众不同的动机。乐趣在于你自己动手。这是了不起的。当人们问"那么,这个项目的结果是什么"或"我们如何衡量它",我认为这是一个有趣的问题。早些时候,我可以测试他们是否有 20 个单词的词汇量,以及他们现在是否有 400 个单词的词汇量,然后以此来判断我是否成功。但是现在,那个孩子的脑子里发生了什么是我无法衡量的。那么问题是,如何衡量孩子获得的信心?

查万博士现在问我们的一个重要的问题是:

当你给人们工具让他们自由的时候,问题是,是的,自由是好的,但是你会挑战他们做一些与之不同的事情吗?

(张 军 译)

马达夫·查万选集

Chavan，M.（2012）．Education is a for-profit business．*Economic Times*，18 April．https：//economictimes．indiatimes．com/education-is-a-for-profit-business-madhav-chavan-founder-ceo-pratham/articleshow/12711604．cms．

Chavan，M.（2013a）．The push and pull of skilling．*Ideas for India*，22 March．

Chavan，M.（2013b）．There are no uniform solutions to education reform．*HuffPost*．6 April．https：//www．huffingtonpost．com/author/dr-madhav-chavan．

Chavan，M（2004）．*Colours*．New Delhi：Pratham Books．

Chavan，M.（2016）．Education in India has to change．*Business World*，26 December．http：//businessworld．in/article/Education-In-India-Has-To-Change-/26-12-2016-110305．

马达夫·查万演讲精选

Chavan，M.（2011）．Acceptance speech，Skoll Awards for Social Entrepreneurship．Skoll Foundation，17 May．

Chavan，M.（2012）．Acceptance speech．WISE Prize for Education Laureate 2012，Qatar Foundation，Doha．

Chavan，M.（2016）．*Getting millions to learn：Discussing Read India*．Speech at Brookings Institution，9 June．

Chavan，M.（2017）．Speech at the Masters Convocation III，Teachers College，Columbia University，17 May．

网站

Pratham Education Foundation．Website．www．pratham．org．

The self-motivated pinball．Blog by Madhav Chavan．www．motivatedpinball．blogspot．com

参考文献

Banerjee，A.，& Duflo，E.（2017）．*Opinion：Pushing evidence-based policymaking for the poor*．16 October．http://www．livemint．com/Opinion/nYjG4JP2ve6YpeXkMb3AHJ/Pushing-evidencebased-policymaking-for-the-poor．html．